一瞬で 子どもの 心をつかむ 15人の教師！

中野 敏治
Toshiharu Nakano

はじめに
「社会の変化の中で、子どもたちへの教育方法も変わってきている」

クラスでいじめが起きた時、生徒の反応は

平成という年号が終わろうとしています。時代の流れの中で子どもたちへの教育も大きく変化してきました。

たとえば子ども間のトラブルです。以前は生徒間での喧嘩がよくありました。職員室に「先生、教室で喧嘩が・・・」と生徒が駆け込んでくることもありました。

喧嘩が起きると生徒一人ひとりを別の部屋に呼び、怪我をしていないかを確認し、落ち着くまで時間をおいた後、複数の職員で喧嘩をした理由を聞いていました。

生徒は落ち着くと、どういう理由で喧嘩が始まったのかを話し始めます。時には悔しくて涙をぼろぼろ流しながら話し出す生徒もいました。

私たち教師は、双方の思いを聞きながら指導をしてきました。そして、二人を会わせて、お互いの悪かったところをきちんと説明し、仲直りさせていきました。こうしてお互いの思いを理解する場があったのです。

どんな理由で喧嘩をおこしても、自分の行為を振り返ることができました。そして、自分以外の人（喧嘩相手）の思いや考えを知る学びがあったのです。

しかし現在では、学校内でほとんど喧嘩がなくなりました。お互いに理解し合う場が増えたため、喧嘩が減ってきた事実もありますが、それだけではない気がします。

自分の思いを言葉で伝える事ができず、自分の思いと違う人に対し無関心であったり、嫌がらせという行為に出てしまっているのではないでしょうか。一対一の喧嘩ではなく、自分の行為を正当化するために仲間を集め、一人の生徒へのいじめという行為が行われている気がしています。

いじめだけをみると、文部科学省のデータでは認知件数では平成28年は平成19年の約3倍になっています。（いじめの定義は昭和61年→平成6年→平成18年と変わってきています）

http://www.mext.go.jp/b_menu/houdou/29/10/__icsFiles/afieldfile/2017/10/26/1397646_001.pdf

（いじめと喧嘩の数の数値的な比較データは見つかりませんでしたが、教育に関わる方々は喧嘩が減少しいじめが増えていると実感しているのではないでしょう）

いじめはどんどん深刻化しています。大人は子どもたちを救おうと「心配なことがあったらなんでも相談してきて」とくり返し伝えています。

しかし、相談する生徒はさほど多くありません。いじめられている生徒は、いつも他人の目を気にしています。特にいじめてくる生徒の目を気にしているものです。「学校で先生に相談している姿を見られたら、またいじめられてしまう」と思っているようです。

毎日、担任が生徒と交換日記のように書いている生活ノート。そのノートに書いても「そのノートが誰かに見られたら心配」と思っているのではないでしょうか。

以前、担任をしていたクラスで事件が起きました。更衣室に置いてあった男子生徒のカバンが切られていたのです。次の時間は学級活動の時間でしたので、私はその時間を使ってこの事件をクラスの生徒に投げかけました。

最初は犯人捜しでした。その時間にその場所にいた生徒を探そうとしていました。その時間、カバンを切られた生徒は下をむいたままでした。そんな犯人探しの話をしている時、一人の生徒が「これって、いじめじゃないの？」と発言したのです。「いじめ」という言葉にクラスの雰囲気はガラッと変わりました。

沈黙のあと、普段はあまり目立たない女子生徒が突然立ち上りました。そして、目を真っ赤にしながら小さな声でゆっくり話し始めたのです。

「私、嫌だよ。このクラスでいじめがあるのは」。もう涙が頬を流れ落ちていました。

「私、この学校に転校して来たけど、前の学校でいじめにあっていたの。みんなが無視してきて辛くて、辛くて・・・。親にいうと迷惑かけそうで相談もできなかった。でも、このクラスに来てから毎日が楽しくて嬉しかったよ。みんな好きだよ。だから、もういじめなんかしないで」。

最後は泣き声で、声にならない叫び声のようにクラスメイトに訴えたのです。クラスメイトも泣いていました。一人ひとりがいじめと戦って来た感じさえしました。

暴走族とスマートフォンのコミュニケーション

ひと昔前は、暴走族という言葉を全国各地で耳にしました。夜になると爆音を響かせ、街中を走り回っていましたが、今ではあの爆音をほとんど聞くことがなくなりました。警視庁の調べでも平成28年に暴走族集団に加入していた青少年は平成19年の半分以下となっています。

https://www.npa.go.jp/safetylife/syonen/hodouhogo_gaikyou/H28.pdf

様々な取り組みの結果、暴走族は減少してきたのでしょう。暴走族が街中を走り回っていた頃、中には暴走族に憧れ、夜に家を抜け出し彼らの走りを見に行っていた生徒もいました。

当時、警察に相談に行ったことがあります。「暴走族が何年たっても減ることがない、いくら指導しても変化がない、どう指導していいのだろうか」。警察の方の答えは、「中野さんが年々歳をとっても、暴走族に加入するのはいつも同じ年齢の子どもたちなんだ。だから、その年齢になる前に暴走族について伝えておかなければならいんだ」

私は時間軸を時の流れと同じ様に縦に考えていました。「そうか、暴走族になってからでは遅く、なる前の指導が重要なんだ」と気がつきました。暴走族に加入することは、時間軸を横に捉えなければいけなかったのです。

ある時、職場の仲間とお酒を呑んで、一人歩いて家に帰った時のことです。

途中にあるスーパーマーケットの前を通ると、暗い駐車場の奥に人影が見えました。そこに立っている数人の若者がじっと私を見ているのです。「なんだろう」と思って近づくとバイクが数台ありました。改造したハンドルをみて、暴走族のバイクだとすぐに分かりました。さらに近づくと、そこに立っていた数人の若者は私の学校の卒業生でした。

「よ、先生じゃん」という声は懐かしい声でした。「先生、何してるの?」と親しく話しかけてくる卒業生。中学校時代が懐かしく、彼らと一緒に駐車場のコンクリートの上に腰をおろし話し始めました。彼らは、中学校時代のことをとてもよく覚えていました。「俺が休んだ日に、掃除場所決めたよな」「教室の黒板の横に置いてあった本、覚えてる?」など私が忘れていることを鮮明に覚えているのです。

「どうしてそれを覚えてるんだ?」と彼らにたずねると、「先生、だって俺たちにとって学校と呼べるのは中学校が最後だぜ、そりゃ覚えてるよ」と笑いながら言うのです。私はハッとしました。彼らにとっての学校の思い出は、やんちゃだった中学校時代。彼らにとっては、あの教室が最後の学生時代だったのです。

「今、楽しいか?」と彼らに尋ねると、「うん、こいつらと一緒に走っている時が一番楽しいよ」と言うのです。中学を卒業してすぐに就職した彼らにとって、辛く苦しい社会生活の中、仲間と一緒にいるこの時が一番楽しいのです。


暴走族が減ってきた理由は、様々な要因があると思います。警察の取り締まりの進化、学校内での指導の徹底などいろいろと考えられると思います。私は日々の生徒との関わりや、スーパーマーケットで会った彼らとの話から、暴走族としてバイクを乗り回し仲間意識を作らなくても、誰とでも繋がれる場が生まれたからだと感じます。

それは、インターネットの世界です。今の時代、スマートフォンさえ持っていればどこにいても一人ではないのです。SNSを使い見知らぬ人とリアルタイムで会話やチャットができる時代となったのです。顔も知らない、どこに住んでいるかもわからない年齢も不明な誰かと簡単に繋がれるのです。バイクに乗らなくてもスマートフォンで人と繋がれるようになったのです。そんな時代だから、リアルの自分の寂しさをデジタルで誤魔化すことができているのではないでしょうか。

脳神経外科医の林成之先生は、著書『脳に悪い7つの習慣』（幻冬舎）の中で「脳神経細胞がもつ本能は、たった3つです。『生きたい』『知りたい』『仲間になりたい』」と述べられています。人間は根本的に仲間になりたいという本能があるのです。

誰かと一緒にいたいという本能はどの時代の子どもにもあります。ただ、今はバイクに乗らなくても一人ではない時代になったのです。心から繋がっている仲間なのかどうかは別として、話し相手ならすぐにできる時代になったのです。

社会変化の中で子どもたちの生活も、心の置き場所も変わってきているのだと思います。

意識ではなく身体が起こす不登校

平成29年の不登校児童・生徒数は、平成19年の1・5倍になっています。平成13年をピークにやや減ってはきているものの、12万人以上の不登校児童・生徒がいます。これは次の文部科学省のデータをもとにしています。

http://www.mext.go.jp/b_menu/shingi/chukyo/chukyo3/004/siryo/attach/1398923.htm

学校を休みがちな生徒に、「学校を休むのはどうして?」と理由を聞いても、多くの場合は自分でも理由がわからないものです。自分でも理由がわからないのに、「どうして?」と何度も聞かれると、追い詰められてしまうのです。

実は私も小学校4年生の時、一時的に不登校になりました。理由はよく覚えていません。ただ、思いあたる要因があるとすれば給食だったかもしれません。嫌いなメニューが出る時に学校を休んでいた気がします。

その時は、朝になると本当にめまいがしたり微熱が出ている感じがしたのです。でも、母親が学校へ欠席の電話を入れると急に元気になるのです。具合が悪いからと学校を休んでいるのに、昼間はベッドで横になっているのが辛くなるほど元気になるのが不思議でした。

登校しようという意識より、登校することを拒否したい身体が勝っていたのでしょう。学年が代わり、いつしか気がつけば登校していたので本当に不思議でなりません。

不登校だった私が選んだ仕事が教師でした。これも不思議です。この不登校の経験が教師になって生かされることもなぜか度々ありました。

以前、不登校の生徒が学校から少し離れた場所にある、適応指導教室（教育支援センター）に通っていました。既に校長職であった私とはほとんど会話をしたことのない生徒でした。それでも時々、近くへ出張した帰りなどに適応指導教室へ顔を出して声をかけてから、学校に戻っていました。

ある日、適応指導教室から電話が入りました。その生徒が、「校長先生に言いたいことがあるから、校長先生に会いたい」と頑なになっているとのことです。何かあったのかと思いながらも急いで彼に会いに行きました。

すると、私が不登校だったことなど知らないはずなのに、彼は「校長先生なら僕の気持ちがわかってもらえる気がしている」というのです。彼は、私が不登校だったとわかっているかのように、「校長先生はどうだったの？」と何度も聞くのです。

他にも、鏡をみて「自分の顔が嫌い」「こんな顔、他の人に見られたくない」という理由で学校を休みだした生徒もいます。ネットゲームにハマり、深夜どころか朝方までゲームをして起きられなくなって休みだした生徒もいました。

きっかけはそれぞれだったかも知れません。でも、きっと最後は身体が登校を拒否しているのだと思います。

そんな生徒が全国で12万人以上いる時代となっているのです。

ロボット教師に変わる日はあるか?

私の中学時代にはさほど行われていなかった学力調査も、今は様々な方法でおこなわれています。国内でおこなわれている調査だけではなく、世界の中での日本の学力についても調査がおこなわれ、世界から見る日本の学力を知ることができます。それは数値で現れるので一目瞭然で調査結果を知ることができます。

そしてその結果をもとに学力向上の計画を考えらえていきます。各学校、各教科などで学力についての取り組み方、また家庭学習の時間、携帯電話の使用時間や読書量、など様々な視点で調べていきます。

このように、全てを分析して正しい答えを出すことが可能なら、いつかAIを搭載したロボットが学校で授業をする時代が来るかもしれません。

現在の中学校は教科によって指導者(教師)が代わります。当然、一人ひとりの教師の喋り方や行為も違います。その違いの中で生徒は授業を受けています。「あの先生、嫌い」「あの、先生はいいよね」など思春期の子どもたちは気にするものです。

もし、AIを搭載したロボット教師が全ての教室で授業を行なっていたら、好きも嫌いも起きないでしょう。ましてや教師の個性や仕草なども生徒には伝わらないでしょう。

「あの先生の授業、おもしろかったね」「私はあの先生だとわかりやすい！」などと楽しそうに話す子どもたちの会話もなくなりそうです。

ロボット教師で間に合うような時代になったら、全てが精密化され、正しいけれど、なぜか面白くない学校生活になるように思えてなりません。

そうあってほしくないと願います。子どもを育てるのは、多少欠点があってもそれを上回る長所や面白みがある人間でなければ、子どももまた面白みがない人生を送っていくと思うのです。

担任時代に私は数学を教えていました。定期テストが終わり答案用紙を返していた時です。一人の生徒が私のところにやってきました。「採点が違っていたのかな」などと思っていましたら、その生徒は「先生、私はテストできなかったけれど、数学好きだからね」と言ったのです。

テストができるのと、その勉強が好き嫌いとは関係があると思っていました。その単元の内容が苦手であっても、数学という教科は好きという生徒もいます。実際、その後その生徒は好きな教科だからと数学の勉強を頑張り、メキメキ力をつけていきました。テストの数値だけではその生徒の学力は判断できないと生徒に教えられました。

このように、感情や努力で子どもたちは大きく変わっていきます。この要素を含めた数値を、ロボット教師が計算するのは極めて難しいことではないでしょうか。

学力は片輪、もう片輪は？

学力をつけることはとても必要なことです。人が生きていく上で新たなものを発見したり、今あるものを工夫し生活を豊かにしたりするにも学力は必要です。人が生きていく上で学力はとても大切な一方の車輪です。それでは、もう一方の車輪は何でしょうか。

この本では、この「もう一方の車輪」である「心の教育」を大切に考え、子どもたちと向き合い、日本の教育を変えている15名の先生方をご紹介していきます。

子どもたちのために、何ができるのかを真剣に考え、そして取り組んでいる先生方の教え方は、目から鱗の連続で本当に凄いものです。また、この先生方は例外なく、通常ではあり得ないほど多くの良いご縁に出会っています。

その原因の多くは、常に学ぶ姿勢にあるとわかりました。本書では、いまや著名な先生方の成長や飛躍の原点にも注目していきたいと思います。

私たちにはこんな先生方に出会う機会や学びのチャンスはなかなかありません。でも講演会や研修会で出会う人々と教育を通じて繋がる事ができます。現実は、多忙な教員の方はなかなか講演会や研修会に行く機会や時間がないことはもちろん同じ教員としてわかっているつもりです。

しかし、本書でお伝えする「もう一方の車輪」こそ、教育の不易の部分ではないかと思うのです。子どもを説得するのは簡単なものではありません。教育の知識やテクニックに加え、真剣に子どもたちに向かい合い関わり合っていく。その姿に子どもたちは心を動かし、ようやく考え方や態度に変化が見えはじめるのです。

この本のページを1ページ1ページとめくっていくと、そこには教育業界では既に名だたる教師たちが繰り広げる、「生徒との真剣勝負」「努力の姿」「生徒との感動のドラマ」が眼の前に現れてきます。

今回ご紹介する15人の先生方は、私が知人と主宰する教育者向けの活動である『やまびこ会』の全国教育交流会にご参加いただいた方、機関紙『YPC（やまびこペンクラブ）』誌や私の個人通信『かけはし』にご寄稿いただいた方を中心に私見で選ばせていただきました。もちろんまだまだ紹介したい素晴らしい先生方はいらっしゃいます。

それでは、かつてない教育者のための学びの書をどうぞお楽しみください。

中野 敏治

◆目次◆

本章

全国各地で子どもを育てる教育者たち
～「本当に子どもが幸せになる」14名の教え方～

序章

全教育者に伝えたい、一人の教師の命を賭した想い

「全ては教育の発展と未来のために」

山田 暁生 先生

山田 暁生（やまだ あきお）※故人
元東京都中学校教師。２００８年逝去。
１９３６年フィリピン生まれ、和歌山県出身。東京学芸大学数学科卒業。公立中学校教員として学級通信『やまびこ』（準日刊）や学年通信・数学通信等を35年間、全国教育交流紙を47年間継続して発行してきた。第22回読売教育賞を受賞。ＮＨＫラジオ第１『子どもと教育・電話相談』レギュラーアドバイザー、テレビ静岡『テレビ寺子屋』講演講師、読売新聞教育相談員を歴任。『やまびこ会』創立者として、全国教育交流会「やまびこ会」、月刊交流紙『やまびこ』発行、ＹＰＣ（やまびこ会ペンクラブ）誌の創刊にも尽力した。
著書に『１００問１００答 思春期！悩み相談室』『子どもを変えた教師の一言』『この一言で子どもが伸びた－無限の可能性を引き出す感動の言葉（中野敏治氏と共著）』（全て学事出版）ほか、累計60冊以上の教育書を出版。

忙しさを楽しんだ方がいいよ

山田暁生先生と私が、最初に出会ったのは今から30年以上前の1983年のことです。お亡くなりになるまで、とても長いお付き合いをさせていただきました。

山田先生は、当時私が勤務していた学校に研修の講師として来校されました。その時の山田先生の通信活動（スクールコミュニケーション：学級通信、教科だより等）の凄さに感動し、山田先生が主宰されている『やまびこ会』（全国教育交流会）に私はすぐに入会しました。

当初、山田先生がどんな方かわからず入会したのですが、既に山田先生は教育界では著名人。たくさんの教育書を出版され、いくつもの教育関係の番組にTV出演し、新聞や雑誌等にも連載されていました。

民放の長寿教育番組『テレビ寺子屋』をはじめ、NHKの教育番組などにも数多く出演されていて本当に雲の上の方でした。なんと、あの金八先生の番組から取材も受けていたと聞きます。

それだけの活動を現役教師ながらこなされていることを考えると、その忙しさは想像を絶します。あるとき、思い切って「この忙しさの中でどうされているのですか？」とお尋ねしました。

すると、山田先生はあっけらかんと、「例えば、連載記事の執筆は原稿締め切りまでの期間が短いんだよ。だからいつでも原稿を書ける支度をして、どこかへ出かけていたよ」といわれるのです。

私は驚いて、「どこにでもですか⁉」とお尋ねすると、山田先生は笑いながら、「家族で買い物に行くときも、書くものをもって行ったよ」といわれました。お忙しいはずなのに、山田先生は笑いながらこう話されるのです。

「中野さん、どんなに忙しくても、その忙しさを楽しんだほうがいいよ。忙しいという思いが強くなりすぎると、やるべきことを見失ってしまうからね」。

入会した『やまびこ会』では毎月一回、山田先生から会報が送られてきます。会報は全て山田先生の手書きで、毎号8ページもありました。お一人で原稿を書き、印刷屋さんに依頼し、仕上がった会報を一人ひとりの宛名を書いた封筒に入れ、会員に発送するのです。

さらにその会報と一緒に、山田先生が教員生活で作ってきた教材や資料、通信（学級通信や教科だより等）などを同封してくれました。忙しさの中で本当に会員一人ひとりを想っての作業だったと思います。

熱血先生が号泣した！
学校で生まれた
"ココロの架け橋"
中野敏治
イマドキの子、やんちゃな子も「やる気」を出した！
子どものココロをつかむ、
「中野マジック」
——その実例を感動秘話より紹介！
本書への推薦
『熱血先生が号泣した！学校で生まれたココロの架け橋』（ごま書房新社）

当時、そんな偉大な山田先生の背中を見ていた私は、山田先生から電話があると緊張して声が震えていた記憶があります。そんな私が、今では山田先生の後を継がせていただき、この『やまびこ会』の代表となっているのも不思議なご縁です。

山田先生との出会いは、私の教員生活に大きな影響を与えてくれました。教科指導では、教科だよりを発行し、学級担任になってからは指導主事になるまでの間、ずっと学級通信を発行し、指導主事になってからは、個人通信「かけはし」を発行し続けました。これらは全て山田先生を模倣しておこなってきたものです。

そしてこの個人通信『かけはし』をもとに、２０１５年に初の書下ろし著書『熱血先生が号泣した！　学校で生まれた〝ココロの架け橋〟』（ごま書房新社）を出版するまでに至りました。

出版社も驚いた資料の整理

山田先生の整理整頓術は驚くべきものでした。すべてが機能的で必要なものがどんな昔の資料や小さな記事でもさっと出せるのです。

山田先生のもとには、全国の教員から添削を求めて、膨大な量の学級通信が送られてきます。さらにいままで山田先生が出版した60冊以上の本もあります。しかも出来上がった本だけではなく、原稿の段階、一回目の校正、二回目の校正と、書籍が出来上がるまでの段階の全ての原稿を冊子にして整理されていました。

それらを床に並べて、「中野さん、こうしておくと、この本がどんな段階を経て出来上がっていったかがわかるでしょう？　それぞれの段階で何人もの方が関わってくれて、この本ができているんだよ。だから一冊の本ごとに違った〝想い〟が込められるんだよ」と嬉しそうに教えてくれました。

そして、書庫から一冊の本をお持ちになりました。「中野さん、この本は古本屋に出されていたものなんだよ。ここ見るとわかるでしょ」と見せてくれたのは本の角に〝紙やすり〟がかけられた跡でした。本を大切にしている山田先生だからこその言葉です。

とても大きな書棚にも関わらず、山田先生がいつでもさっと資料を出せる秘密はその整理方法にありました。その書棚はまるで図書館の所蔵庫にあるような大きさの書棚で、ハ

山田暁生氏の書棚です。図書館等にあるようにハンドルで回す書棚。

ンドルで動かすほどのものです。

「この大きさの書棚は、一般家庭の床に置くと床が抜けてしまうから床下の工事をしたよ」と笑いながら山田先生は話されました。

この書棚には、さまざまな資料が綿密に整理され、必要な時に一目で取り出せるようになっていました。そこまでして公立中学校の一教員が教育に関する書類を整理し、必要な時に必要な資料を世に出していたのです。

ある時、教育系の出版社の編集者と一緒に山田先生宅を訪問しました。山田先生の書斎で色々な話をした後に、その編集者がこの書棚を見て思わず口走りました。

「わー！　当社が以前発行していた本がこんなにきれいに整頓され並べられている。当社でもこんなにきれいに並べられていないですよ」と言うのです。

この編集者の一言に山田先生の整理の技術の凄さを改めて感じました。さらに、「山田先生、この（当社の）本を貸してもらえますか」と不思議なお願いをしていました。実は、自分の出版社が発行している本なのに書庫で見つからず、著者の山田先生から借りようとしていたのです。

後日談ですが、この出版社は「教師の整理術」をテーマとした、教師の書斎を写真付きで連載したのです。もちろん山田先生の書斎も大きく紹介されていました。

山田先生の秘密の資料の整理方法はまだありました。

山田先生の書斎には書類入れがいくつもあるのです。その書類入れの一つ一つの引き出しには、「いじめ問題関係」「不登校関係」「学級通信関係」など、ラベルが貼ってあるのです。そっとこの引き出しを引くと、大小さまざまな資料が入っていました。

山田先生が執筆をされていた机。

山田先生は「新聞や雑誌などで必要な記事は、こうしてハサミで切ってここに入れておくんだよ」といわれました。そして、まとめて見ると一つ一つの資料が繋がっていくというのです。そうすると、点が結ばれ、線が見えてくると説明されました。でもよく見ると、切り抜きだけではなくノートのような用紙がいくつかありました。

「これはなんですか？」と聞くと、「ああ、それは何か思いついた時に私が紙に書いて、関係する分類場所に入れておいたんだよ」と言われるのです。今にするとアナログ作業に感じられると思いますが、そんなことはありません。この書類入れに入れられると、パソコンに負けず劣らぬほど、項目別ですぐに検索ができるようになっていました。

この書類入れの中にあったノートのような用紙には感心しました。まるで一筆箋のようであり、さまざまな大きさの紙でした。山田先生が鼻歌交じりにハサミで切って作った自作だったそうです。

「思いついたらすぐにメモできるようにここに入れておくんだよ。必要な時に必要なものがすぐに使えることが大切だ。用紙を探しているうちに、思いついたことを忘れたら困るしね。それに、少しでも時間が経つと思いついたことの熱が冷めちゃうからね」。

小箱の中には、色も大きさもさまざまな素敵な自作の一筆箋がたくさん入っています。どんな小さなことも楽しみながらおこなう山田先生に恐れ入りました。

私はやる気にさせちゃう天才かも

ある日、山田先生の自宅を訪ね、時間が過ぎるのも忘れて教育に関するいろいろな話をしていました。気がつけばすでに午後2時。昼食もとらずに話をしていたのです。近くのファミレスでようやく遅い昼食を食べたのですが、そこでも2時間ほど話をしていました。

その会話の中で山田先生は「私はやる気にさせちゃう天才かも」とおどけたように言われるのです。確かに山田先生と会話をしていると時間も忘れてしまうのは、山田先生の話がワクワクすることばかりだからなのです。話している山田先生本人もワクワクしながら「やってみなければわからない」「駄目でもともと。駄目もと精神でいこうよ」と言われます。うまくいくかどうかより、やってみるかどうかが大切という山田先生の教えです。この言葉が今の私の原動力になっています。

実現するかどうかはわからなくていいのです。いろいろな発想がどんどん生まれ、その発想がさらに膨らんでくるのです。何かを始めようとするときに大切なことは、ワクワクする気持ちと動き出す勇気だと思います。

そんな山田先生との会話から始まったのが、今でも続いている『ＹＰＣ』（やまびこ会ペンクラブ）誌の発行でした。

２００２年の8月に山田先生の自宅で『やまびこ会』の全国教育交流会をおこなった時のことです。会を閉じ参加者が帰られた後、山田先生と二人で今日の会を振り返っていました。そのとき、山田先生が庭を見ながらポツリと一言いいました。

「こうして年に一回、ここに集まって交流をするのもいいが、みんなで発言していく冊子なんて作れたらいいいな」

しばらく二人の会話は途絶えました。どんなものをどのようにして、誰が作るのか、そして誰が読むのか。そんなことが私の頭の中を忙しく駆け巡りました。

その時、「駄目もとだ」という山田先生の言葉を思いだしました。私の頭に浮かんだことはすべて、どうしたらできるのかという方法論であり、やりたいのか、やりたくないのかではなかったのです。

「山田先生、やりましょう」。自然とこの言葉が出ていました。決めてからやり方を考えればいいのです。二人の気持ちは一緒で「たくさんの教育現場からの発言集を冊子で作る」ということ。やると決めればあとはやり方です。一気に話が進みました。

まずはテーマ決めです。「一つのテーマでは、書けない方もいるだろうから、共通テーマと自由テーマの二本立てでいこう」「誰が書くのかは、やまびこ会のメンバーに呼びかけて募っていこう」。このようにどんどん決まります。

そして誰が原稿を集めたり、編集したりするのかとなった時、「私がやります」という言葉が自然と出ていました。山田先生は、「大丈夫？　無理しないでやっていきしょう。私も手伝いますから」と声をかけてくれました。60冊以上の著書を出版され、編集作業の大変さを知っている山田先生だからこその気遣いでした。私は、「大丈夫です！」と、心配をかけないように大きな声で返事をして覚悟を決めました。

山田先生は創刊号の共通テーマをすぐに提案してくれました。そのテーマは「僕、いつ死んだっていい」でした。また、この雑誌の名称も、「中野さん、やまびこペンクラブでいこう！　略してYPCだ！」と、その場で決めてくれました。この発想力に私はいつも驚かされます。こうして、インパクトのあるテーマが表紙を飾りました。

「やると決めたら、一気に決まる」の言葉通りでした。8月に山田先生の自宅で始まった、『YPC（やまびこ会ペンクラブ）』誌の創刊号は、なんと3か月後の11月に発行されたのです。決めれば動ける、動ければすべてが始まるのです。

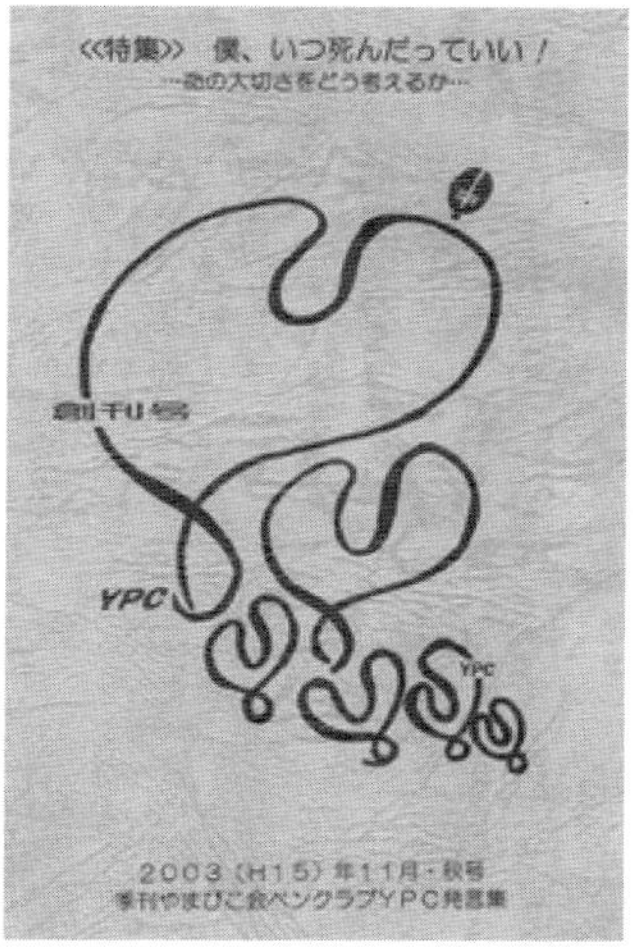

YPC創刊号

さらに第2号のテーマは「恩師・怨師」で、このテーマにも驚きました。その後も今までにない、奇想天外な山田先生ならではの

《YPC発言集　共通テーマ一覧表》

「創刊号」	2003	秋号	『僕、いつ死んだっていい！』
「第2号」	2004	冬号	『恩師・怨師』
「第3号」	2004	春号	『不登校』
「第4号」	2004	夏号	『教師冥利』
「第5号」	2004	秋号	『修学旅行』
「第6号」	2005	冬号	『家庭訪問』
「第7号」	2005	春号	『学級通信』
「第8号」	2005	夏号	『評価・通信簿』
「第9号」	2005	秋号	『困った保護者、助かった保護者』
「第10号」	2006	冬号	『忘れられない教え子たち』
「第11号」	2006	春号	『赤裸々教師の生活実態』
「第12号」	2006	夏号	『「教師」って仕事は』
「第13号」	2006	秋号	『同僚』
「第14号」	2007	冬号	『趣味』
「第15号」	2007	春号	『継続』
「第16号」	2007	夏号	『整理』
「第17号」	2007	秋号	『親』
「第18号」	2008	冬号	『出会い』
「第19号」	2008	春号	『座右の銘』
「第20号」	2008	夏号	『三つ子の魂』
「第21号」	2008	秋号	『言葉の力』
「第22号」	2009	冬号	『伝えたいことがある』
「第23号」	2009	春号	『学びの環境』
「第24号」	2009	夏号	『自己教育』
「第25号」	2009	秋号	『子どもに学ぶ』
「第26号」	2010	冬号	『日々工夫』
「第27号」	2010	春号	『今の子どもたちへの願い』
「第28号」	2010	夏号	『10年後計画（やってみたいこと）』
「第29号」	2010	秋号	『いじめ』
「第30号」	2011	冬号	『子ども達が大人（教師や親）に願うこと』
「第31号」	2011	春号	『問題行動』
「第32号」	2011	夏号	『子どもの心に残るこのひと言』
「第33号」	2011	秋号	『教師のネットワーク作り』
「第34号」	2012	冬号	『教師の心に残るこの1冊』
「第35号」	2012	春号	『理想教師』
「第36号」	2012	夏号	『子どもの指導　あれこれ』
「第37号」	2013	秋号	『YPCへ期待すること』
「第38号」	2013	冬号	『教師としての学びの場』
「第39号」	2013	春号	『褒めること・叱ること』
「第40号」	2013	夏号	『子どもと向き合うということ』
「第41号」	2013	秋号	『教師の時間活用法』
「第42号」	2014	冬号	『命いっぱいに生きてくれ』
「第43号」	2014	春号	『教師のスケジュール管理法』
「第44号」	2014	夏号	『未来を担う子ども達へのメッセージ』
「第45号」	2014	秋号	『実践あるところに真実あり』
「第46号」	2015	冬号	『子どもをすくすく伸ばす方法』
「第47号」	2015	春号	『教育現場から家庭へのメッセージ』
「第48号」	2015	夏号	『子どもたちへ、今、できること』
「第49号」	2015	秋号	『師』
「第50号」	2016	冬号	『生きる』
「第51号」	2016	春号	『体育祭・運動会』
「第52号」	2016	夏号	『学校って』
「第53号」	2016	秋号	『人との関わり方』
「第54号」	2017	冬号	『仕事の楽しみ』
「第55号」	2017	春号	『ルールって？』
「第56号」	2017	夏号	『これからの教育』
「第57号」	2017	秋号	『読む』本から学ぶ
「第58号」	2018	冬号	『「伝える」今、私たちにできること』
「第59号」	2018	春号	『「生かす」無駄なことは何一つない』
「第60号」	2018	夏号	『「生きる」生きてくれ　子供達』
「第61号」	2018	秋号	『災害と子どもたち』
「第62号」	2019	冬号	『子どもの光発見方法』

アイデアが『ＹＰＣ』誌の表紙を飾っていきました。

創刊号から、多くの新聞社・教育関係の出版社・マスコミ等へ「教育現場からの発言集」としてずっと送ってきましたが、何度も記事に取り上げられました。

こうして、山田先生に惹きこまれ、私はどんどん教育を発信する現場に入っていきました。私以外にも山田先生の一言で何かを始めた方が大勢いました。湖面に一石を投じれば水しぶきが起き、その後水面に波紋が起きます。動けば必ずその後に、次々に新しい変化が生まれます。

大事なことは「まず石を投げる行動だ」と教えられました。山田先生は人をやる気にさせて、その気にさせる名人だったと思います。

リュックを背負って全国行脚

『やまびこ会』の全国教育交流会は当初、山田先生の自宅での開催ではなく、やまびこ会のメンバーがいる全国各地で毎年開催していました。全国いろいろな場所が会場となっていたのです。

山田先生はそれぞれの会場に赴くのですが、交流会でそれぞれの会員が実践報告をする中で、山田先生の経験が詰まった実践資料をできるだけ現場で提示しようとしていました。『あとで』ではなく、その場で提示するからこそ、意味があり学びが深まる」というのです。

でも時には「自宅にあるあの資料を持ってくればよかった。ここでみんなに見せることができたのに」と思うことがあったそうです。できるだけその後悔を減らしたいということで、山田先生はまるで登山でもするかのような、大きなリュックで交流会の会場へ赴いていきました。リュックの中はもちろん資料がいっぱい詰まっています。

「こんなに重いのに、よく背負って新幹線に乗ってここまで来られましたね！」と開催先で驚かれることもたびたびありました。

そんなとき山田先生は、「資料提示はタイミングですよ。その資料一つで参加者の先生方が気づけるのなら軽いものですよ」「授業も同じですね。このタイミングで生徒に伝えなければ効果が薄れることってあるからね」とニコニコしながら話されていました。

当初、全国各地を回っておこなっていたやまびこ会は、日中だけでなく夜までも会員の話が続きました。「生徒を想う熱い先生方は全国にこんなにもいるんだ！」と毎回驚きました。

「目の前の生徒を真剣に育てていきたい」。職場も違う、生徒も違う、校種も違う、世代も違う・・・でもみんな想うことは同じなのです。

その共通の想いだけで、初対面の方とも夜を徹して話すことができるのです。全国各地に行きながら、その地を観光するより先生方と話すことが楽しみになっている自分がいる。そんな『やまびこ会』の全国教育交流会活動でした。

昼食はファミレスでなくお弁当にしよう

ある年から『やまびこ会』の全国教育交流会の会場が山田先生の自宅となりました。理由は前述の通り、山田先生の資料の多さからです。山田先生は「私の書斎をそのまま背負って全国各地に行ってやまびこ会をしたいんだけど、背負えなかったから会場を自宅にしたよ」というのです。

さらに、山田先生の書斎を観たいという方も増えてきました。教育誌でも紹介されており、多くの先生の憧れの地でしたから、参加者はその場（書斎）に入れるだけでも歓喜してくれるのです。

毎年夏に行っている『やまびこ会』の開催前日、山田先生は自宅の全ての部屋の床や畳を拭き掃除していました。そして、たくさんのお手拭きタオルを用意し、冷蔵庫に入れておきます。当日、参加者はピカピカの家に入り、一人一人に冷たくなっているタオルを手渡されるのです。

全国各地で開催している時は、やまびこ会のメンバーに迎え入れられていた山田先生は、今度は一人一人、お迎えしようとのことでしょう。汗をかきながら山田先生の家に着いた方々は、みんな恐縮、感激していました。

一人一人を大切にする姿。それは山田先生が学校で生徒を大切にしている教師としての姿、そのものに見えました。人の行動は全てに共通しているのです。教育に対する熱い想いのある同士が集まる学びの場。昼食のお弁当を食べる時間も惜しんで語り合いました。

実は最初、近くのファミレスで昼食を取ろうと考えていたのですが、山田先生が、「みんな時間が惜しくなるぞ」といわれ、話をしながら食べられるお弁当に切り替えたのです。本当にこの先読みや気配りには恐れ入りました。

最後の最後まで教育の未来を

ある日から、「最近なんだか調子が悪い」と通院を始めた山田先生。数件の病院を周った結果、糖尿病と診断されました。

「山梨県に講演に行ったとき、すごく喉が渇いて、その時から体調が悪くてね。最近座ってばかりいたからかな」「食事療法と運動をしないといけないな。入院中にいろいろと厳しく教育を受けてきたよ」といつものようにニコニコしながら話されるのでした。

なかなか体調が優れずにいた山田先生でしたが、ある日私を自宅に呼びました。「こんにちはー」という私の声に、「二階に上がってきてくれ」と先生の声が聞こえました。

山田先生は二階の部屋で寝ていました。布団に寝ている山田先生の隣で、これからの『やまびこ会』の話を始めた時のことです。「いつも使っている封筒が隣部屋にあるから持ってきてくれるか」といわれ、私が隣部屋に行っている時です。

「バタン」と、とても大きな音が山田先生の寝ている部屋から聞こえてきたのです。すぐに駆けつけると、なんと山田先生が倒れていました。私はすぐに抱きかかえて、「山田先生！」と、揺すりましたが意識はありません。

私は無我夢中で119番に電話をし、救急車を呼びました。救急車の到着する前に、意識が戻ってきた山田先生は、枕元から一枚の紙を取り私に渡しました。そこには家族の連絡先が書かれてありました。

救急車に乗せられ病院に向かう山田先生を、私は自分の車で追いかけました。病院に着いた時にはご家族の方も到着し、山田先生の容態も落ち着いてきました。しかし、病院のベッドに横になっても、「中野さん、あの封筒は『やまびこ会』で使ってくれ。3箱あるから持って行ってくれ」というのです。私は思わず涙を流しました。

数週間後、山田先生の病名が分かりました。膵臓癌だったのです。残念なことに進行も早く、しばらくして東京のホスピスへと入りました。

私は仕事を終えてから、毎週山田先生の入院しているホスピスへと通いました。授業の後なので、いつも面会時間ギリギリで病院裏の入り口から入りました。静かな入り口、そこにあるノートに名前を書き照明を落とした廊下を歩き、エレベーターで山田先生の病室へ行きました。

山田先生は、いつもニコニコしながら私を迎えてくれました。驚いたのは、行くたびに山田先生のベッドが書斎となっていくことです。病室にはペン立てやスケッチブックがあり、まさにそこは山田先生の仕事場に様変わりしていました。また、教え子が持ってきてくれたという写真、ハガキ、手紙が溢れとても賑やかでした。

ある日から山田先生は『ホスピスからのはがきメッセージ』として、病室から教員に向けたメッセージを伝えだしたのです。山田先生はこのメッセージを『やまびこ会』のホームページにアップしてくれ」と言いながら書き続けたのです。山田先生は、どんな状態になっても発信することをやめなかったのです。

実はこの頃、山田先生には余命が告げられていました。ある日の『ホスピスからのはがきメッセージ』のタイトルが「余命・与命」と書かれていたことで気がつきました。そこには、「余った命ではない、与えられた命なんだ」というメッセージを書かれています。私は辛い想いを抱きながらこのメッセージをホームページに載せ続けていきました。

ベッドにいながらも発信し続けた山田先生のもとには、教え子である作曲家の篠原敬介氏、バイオリストの諏訪内晶子氏、話題のカメラマンなど、著名な方も多忙なスケジュールの合間を縫って足を運んでくれたといいます。何年たっても、どんなに偉くなっても教え子と教師は繋がっているのです。

しかし、余命を告げられてからも、山田先生の歩みは止まりませんでした。

「中野さん、私は書きたい本がある。タイトルは『職人　教師』。上下巻で書く。写真は教え子のプロのカメラマンになった彼に頼むんだ。構想もできている。早くパソコンに向かいたい。この本は多くの先生を元気にする本になると思うんだよ！」とワクワクしている山田先生。「中野さん、いろいろ考えていると病気だということを忘れちゃうなあ」と大笑いするのです。でも心底から笑えていないのが痛いほどわかるのです。

『この一言で子どもが伸びた
－無限の可能性を引き出す感動の言葉』
（学事出版）

よく、「いつか中野さんが書いた本が書店に並ぶのが楽しみだな。それが私の夢だよ」と口癖のようにいわれていました。そしてある日、思い立ったように、「待てよ、ここでも本は書けるな」といったのが始まりでした。

出版社とすぐにやり取りをはじめ、『この一言で子どもが伸びた－無限の可能性を引き出す感動の言葉』（学事出版）というタイトルで、私と共著での本の出版を本当に決めてしまいました。

二人で分担して原稿を書き進めました。そして、いよいよ最終校正を山田先生の病室で一緒にすることになりました。ところが、あと少しで校了という時に山田先生の体が震えだしたのです。

私は止めました。それでも、山田先生の口から出たのは、「最後のページまで校正をさせてくれ！」。涙で原稿が滲みながら私も必死にチェックしました。

そして校正を終えた瞬間、山田先生は崩れるようにナースコールをしました。看護師が飛んできて、震えている山田先生の肩を押さえそっと横にしました。そして脈と熱を測り、すぐに湯たんぽを3つ用意しました。「山田先生、無理しちゃダメです！」と看護師が声をかける中、山田先生から出た言葉は、「中野さん、その原稿を早く・・・早く出版社に送って！」。

「はい、わかりました！」と返事をすると同時に、私は後ろ髪をひかれながらも病室を飛び出しました。そして、病院から駅に向かう途中にある宅急便から急ぎで原稿を送ったのです。


これが、山田先生が最期に出版した本になりました。この本が出来上がって出版社の方が山田先生の病室へ完成見本を持ってきてくれた時、あの気丈な山田先生が黙って涙を流していたと聞きました。二人で校正をしている時、山田先生は、「出版されたらここで出版記念パーティしようか」と楽しそうに話していました。どんな時でもワクワクする楽しいことを考えようとしていたのです。

出版後、徐々に体力が弱っていく山田先生がある日、「中野さん、短い棒を用意して。パソコンのキーをその棒で打って文字を書くから！」と言うのです。そこまでして教育者のために、何かを伝えていきたかったのです。もっともっとたくさんのことを書きたかったのだと思います。

ある日、山田先生の病室に入ると、いつもと様子が違いました。「中野さん、もう体が動かない。だるくて、だるくて・・・」といって、私に背を向けました。どんな時でも弱音を吐かない山田先生の初めて見る姿でした。私はショックで、しばらく病室の中で立ちすくんでいました。しかし、全く動かない山田先生の後ろ姿を見ながら、「今日は帰ろう、また今度来よう」と、そっと病室を出ました。

しかし次に病院へ行った時、「今日はご面会はできません」と、看護師に声をかけられました。「少しでも会いたいのにな。仕方ないまた来よう」と思いながら、病院を後にしました。数日して、山田先生がお亡くなりになったと連絡が入りました。聞くと、なんと面会できなかったあの日に山田先生はお亡くなりになったのです。私はあまりのショックに座り込んでしまいました。「どうしてあの時、もっと話しておかなかったんだろうか」と涙を流しながら後悔しました。

山田先生がお亡くなりになっても、『やまびこ会』の活動はその想いを引き継いで私がおこなっています。『やまびこ会』の存在には、私はある種のこだわりがあります。そのこだわりが自らの教育観を生み出しているのです。そして、その想いを共にする教育者の生き方が多くの人に刺激を与え、永遠に人々の心に残る存在になっていくと思うのです。

山田暁生先生。私に『やまびこ会』を任せていただき本当にありがとうございました。あなたの想いはここでまだ生きています。

コラム

すべての整理は書斎の椅子から始まった

山田先生の整理力は凄いものでした。ただ整理整頓をしているのではなく、必要な資料がすぐに出せるように仕事上の機能を考えて工夫をした整理をしていたのです。

作業するための中心は山田先生の作業場ともなっている書斎の椅子です。山田先生が座って作業をしている椅子を中心に整理がされているのです。山田先生の書斎の様子は教育雑誌でも写真入りで紹介されたほど、作業能率の機能を持っています。

必要なものがさっと取り出せ、思い立ったらさっとメモできる。すべて座っている椅子から手を伸ばせば届くようになっているのです。

机は幅2メートル以上もある広い机です。その机の右前には何本もの筆記用具。いろいろな太さのペン。山田先生は文章を書くだけでなく、イラストも描いていたのです。楽しめるものをどんどん楽しもうとしていました。

回転椅子を右へ回転すると、パソコンが目の前にくるのです。このパソコンは手作りパソコン。山田先生の教え子が山田先生仕様として作成をしてくれたものです。常に山田先生の周りには教え子がいました。

椅子を左に回転すると、そこには、資料棚とファックス機が置かれています。必要な時にさっとファックスで送れるように、ファックスの上にはファックスの送り先を書いたメモが大きな字で書かれ貼ってあるのです。山田先生は機能重視で部屋を作っていました。

椅子を回転し、後ろを向くと、小さなテーブルがあり、いつ誰が来てもそこで懇談ができるのです。

さらに振り向いたところにある書棚には、今まで山田先生が書いた60冊以上もの本が並べてありました。

書棚の横には、CDチェンジャーがあり、一枚のCDが終わると、自動で次のCDの曲が流れるようになっていました。ほとんどクラッシックのCDでした。

山田先生の書斎には、コピー機も置かれてありました。コピー機はコピーするだけでなく、資料整理のために必要な資料を同じ大きさのサイズに拡大・縮小していたのです。いろいろな資料を自分で分類し、冊子にして整理をしていました。大きめのホチキスは、いろいろ調べ外国製のものを購入していました。針がまっすぐ入るものをとのこだわりです。

さらに何十枚も一気に切れる大きなカッターがあり、資料の大きさを揃え、それをまとめて、ホチキスで止めて、このカッターで裁断し、さらにコットン紙で背表紙をつけ、その背表紙に資料名を書き、書棚に並べるのです。山田先生の書斎は、資料集めから、執筆、さらに製本までできる機能がある工場のようでした。

当時の教員関係者たちの間では、この「山田先生の書斎」に憧れる人も多く、遠方からも訪れる人が後を絶たなかったそうです。

本章

全国各地で子どもを育てる教育者たち
～「本当に子どもが幸せになる」14名の教え方～

「未来を見据えた教育を」

西村　徹　先生

西村　徹（にしむら　とおる）
兵庫県豊岡市立弘道小学校　教師。
１９６０年生まれ、兵庫県出身。小学生時代（八鹿小学校）に校長先生だった東井義雄氏より直接に薫陶を受け、人格形成に大きな影響を受ける。雑誌（致知・プレジデント・小六教育技術）などで対談や実践が掲載され、小学校・地域・各研修会へも講師として赴く中、ハガキ祭り・学力サミット・あこがれ先生プロジェクトでも講師を務める。現在は、集中力を高めるユニット学習、特別支援教育などに力を入れている。子どもの教育には、教師自らが律し、実践し、自己を磨き続けることが必要と考え、便教会・実践人の家研修会・やまびこ会などに学ぶ中、地元で、やぶ読書会・教育サークル「カセッタ会」・但馬掃除に学ぶ会・教育立志会を主催、あるいは参加している。著書に、『東井義雄一日一言』（致知出版社）『東井義雄の言葉　こころの花がひらくとき』（致知出版社）ほか多数。

自ら経験したからこその教え方

不登校を経験した私が教師になり、不登校の子どもと話をすると、すごく分かり合える時があります。自分の経験があるからこそ、生徒の心情がわかる場面があるのです。

西村先生と話をしていると、西村先生もご自身の経験を教育に生かされている教師だとわかりました。

西村先生は小学生の頃、勉強が大の苦手だったと言います。だから教師になって勉強を教える立場になると、勉強が苦手な子どもの気持ちが痛いほどよくわかると言います。

西村先生は、「自分にしか伝えることができないことがある。教室の中で授業が『わからない』とか『つまらない』とかいう子どもがいますが、そういう子どもたちに『勉強が面白い』とか『楽しい』とかいうことを味わわせたい。きっとその中から子どもたちは自信をもてるようになるんです」と言います。さらに「『学校が楽しいな』と思える子どもたちを育てていきたい」というのです。

西村先生は、どうしたら勉強が苦手な子どもに興味を持ってもらい、好きになっていってもらえるかを必死に考えたそうです。

西村先生の言葉には、「勉強ができる子」ではなく「人を育てる」という想いが強く感じます。確かに本来の教育は教科の学習だけでなく、その学びの根となる人間教育を教えることです。かの東井義雄氏は「根を養えば樹はおのずから育つ」という言葉を残しています。西村先生はまさにこの東井氏の言葉通りの教育を実践しているのです。

実は西村先生は、小学校の6年間、東井氏が校長先生を務める小学校に通っていたのです。まだ教師になるとはわからない小学校の頃に、東井氏の教育への想いを、無意識に身につけて、教師になった時その実践をしていたのです。

もし、運命というものがあるとするならば、西村先生は東井氏と出会った瞬間に、将来教師になり、東井氏の教育を実践していくことが決まっていたのかも知れないと思うほどです。

西村先生は、「そうだ、授業の中に面白さや楽しさを取り入れて、すべての子どもたちに学ぶことへの興味を持たせよう」と考えつきました。

そして毎朝の授業のはじめに、役立つ「ことわざ」や「名言」などの朗読を取り入れたのです。繰り返し、繰り返し子どもたちに伝え、子どもたちに覚えてもらうようにしたのです。

例えば、宮沢賢治の『雨ニモマケズ』。「勉強の苦手な子は、これだけでも覚えるのが大変かな」と心配だったそうですが、子どもたちはみんなしっかり覚えてくれました。子どもは興味を持ったことはすぐに覚え、一度覚えると忘れないものです。何年も過ぎて教え子と再会した時、「先生、『雨ニモマケズ』、今でもちゃんと覚えてるよ」と多くの教え子が話してくれるといいます。

また、西村先生が子どもたちに紹介する「ことわざ」「名言」は、どれも将来生きていく上で大切な言葉を選んでいました。子どもの頃はその意図もわからず覚えていたでしょうが、成長し人生に悩んだ時にその言葉が必ずどこかの場面で心に響くのです。まさに、西村先生の教育は、子どもたちの未来をも考えたものなのです。

また、朝の授業に朗読させていたことも効果的でした。声に出して読む、それも朝からすることで子どもたちの脳は一日中活性化するのです。声の小さな子には、「まず声を出してみようか」、自信があって大きな声を出せる子には、「もっと大きな声を出そう」と声をかけていったそうです。ここに一人一人の根を育てる西村先生の教育があります。

西村先生が、勉強が苦手な子に対してさらに取り組んだのがユニット学習でした。一時間の授業をいくつかに分割し、基礎的な学習を反復して行う方法です。西村先生自身が勉強が苦手だったという経験、どうして嫌いだったかを分析した結果、短い時間に分割し繰り返して学習することで効果があるという結論に辿り着きました。

現在では、ユニット学習を取り入れている教員も多いと思いますが、自分が子どもの頃に経験したことを振り返り、子どもの立場からユニット学習を取り入れている教員はさほど多くはいないでしょう。

子どもの目線で教育を考え、授業を作り上げていく。教科を教えながら心が通じ合っていく。西村先生は、子どもたちと一体となった教育を授業の中で実践しているのです。これは想像するよりずっと難しいことだと、私の教員経験より断言します。

物事は同じことをしても、おこなう人の想いにより伝わり方が違ってきます。心を込めておこなう人、相手の気持ちになっておこなえる人は、同じことをしても相手に強く伝わるのです。だからこそ子どもたちは、西村先生の授業にどんどん引き込まれていくのです。

西村先生は作文指導にも独自の工夫をしています。原稿用紙一枚（４００字）にきちっと書く。それ以下でもそれ以上でもダメです。４００文字の中に自分の考えをきちっとまとめることを指導しています。

この作文指導の狙いは、やはりその子どもの将来にあります。小学校を卒業し、成長した子どもたちが、「400字の中に書く授業が今の勉強に活きています」「自分の考えを限られた字数の中でまとめられるようになっていて仕事に活きています。西村先生から学んだ作文のおかげです」というそうです。

西村先生はテストができるだけの学習を授業の中でおこなっていないのです。子どもたちの人生を考えて、将来を見据えて、今やっておくべき授業をおこなっているのです。まさに、人を育てる授業を実践しているのです。また、押し付けでなく、子どもたちの心に伝え、子どもたちの心を動かしながら指導をしている西村先生だからこそ、何年経ってもその教えが子どもたちの心に残っているのです。

それを証明するかのように、西村先生は生活指導でもユニークな取り組みをしています。生活指導を担当する時の西村先生は、「これを通じて、子どもたちに自立して欲しい。自分の足で歩いて欲しい」という願いがあります。

だから「あすこそ」という言葉を子どもたちに教えるのです。

あ　あいさつ
す　スリッパ揃え
こ　腰骨を立てる
そ　掃除

この四つのことは大人でも意外とできていません。子どもたちにきちんとした大人になって欲しいという西村先生の願いを感じます。西村先生は印象深い言葉で一年間かけて子どもたちが楽しく実践できるように教えているのです。実は、「あしくそ」という言葉もあるといいます。

あ　あいさつ
し　姿勢
く　靴揃え
そ　掃除

こちらも子供たちには大評判だということで笑ってしまいました。でも子どもたちは、

「『あしくそ』しようね」と、しっかり実践してくれるそうです。大切なことは子どもたちが親しみやすい言葉にして、まず興味を持ってもらうことなのです。西村先生の生活指導は、自分のクラスだけでなく全校集会でも伝えています。西村先生の言葉を学校全体で楽しく実践しています。

次の言葉も西村先生は子どもたちに伝えています。これは東井氏の言葉です。

「鯛を心の中にたくさん飼おう。ゴミを拾いたい（鯛）、靴をそろえたい（鯛）、あいさつを元気にしたい（鯛）。」

東井氏もユニークな方だったことがわかります。時代を問わず教えるという行為は、聞く相手の立場になっておこなっていかなければ伝わらないのです。子どもには子どもの考えがあり、そこにどううまく大人の言葉で伝えるか。それこそ教師の永遠の課題だと思います。

子どもたちとの関わりこそ

西村先生は特別支援教育にも関わってきています。ある年、この子どもたちと「ナイトハイキング」という夜間30キロメートルを歩くことに挑戦しました。周りの大人はみんな

「無理だからやめた方がいい」と心配したそうです。

でも西村先生は、子どもたちや保護者と一緒に30キロを歩き通したのです。無理だと言われながらも、みごと歩ききった特別支援在籍の子どもの姿にみんな驚きました。子どもたちも親たちもゴール後は歓喜に溢れかえりました。

このように、西村先生は学習、生活、特別活動、全てにおいて常に子どもたちに自信を持たせようと工夫をしています。子どもにとっては一つ一つの自信が、将来生きていく時の力となるのです。そのために、どんな活動でも子どもの目線に立ち、子どもたちへ自信をつけさせる工夫をし続けているのです。

子どもたちが自分の持っている力を一生懸命に発揮する姿に多くの大人が感動するものです。そして、周りの子どもたちは、「すごいな！」と思いながら、「もしかしたら自分もできるかもしれない」と自信つなぎの連鎖が起きてくるのです。

そんな西村先生でも子どもの指導に苦労した時がありました。そんな時、「あの子たちにいろいろ気づかせてもらえた」と思い出したそうです。苦労ではなく勉強ができた、学ばせてもらえたという記憶です。

そして気づかれたそうです。子どもたちの現状を教師の考えている理想に持っていくのではなく、子どもたちがなぜそうするのかをしっかりと見て、その原因に気づきその部分を気遣う、そうすることで子どもの態度が良くなっていったといいます。

相手の気持ちを尊重することに大人も子どももありません。気持ちを理解し合えれば自然とその行動は変わってくるのです。生徒との人間関係がいかに大切かを教えられました。

こういう熱心な指導があるからこそ、保護者は西村先生を強く信頼しているのです。ある年、クラスの保護者から担任である西村先生に、「保護者の勉強会をしましょう」と提案がありました。学期に二回くらい保護者が集まり、いろいろなことを話したといいます。勉強会の名前は「ありがとう塾」。本を読んだり、その本の内容を伝えあったりしました。ある時は家庭で困っている話題、お小遣いはいくらが良いかの話題も出されました。このとき西村先生は4年生の担任でした。

一年置いて、その二年後、子どもたちが6年生になった時に、西村先生はまたこのクラスの担任になられたそうです。単学級だったので、学年が変わっただけで子どもは同じメンバーでした。そしてこの年も保護者が「ありがとう塾」を自然と開催していました。

そして驚くことに、子どもたちが小学校を卒業してもこの「ありがとう塾」は続いています。このクラスの保護者の同窓会のようになり、すでに卒業後12年も続いているとのことです。

ある年、卒業式を終えた翌日、西村先生が自宅へ帰るとたくさんの手紙が届けられていました。手紙の差出人は昨日の卒業式で送り出した子どもたちと保護者だったといいます。「西村先生と出会うまではとてもわがままでした。でも、私は変われました」「私は勉強を粘り強くできるようになりました」「努力できる人間になりました」など西村先生と出会って成長した、クラスの子どもたちからのお礼の言葉ばかりでした。今の時代にこんなクラスはそうそうないでしょう。西村先生は、涙をおさえながらその手紙を全部読んだそうです。

ある学年の子どもたちが三年後、中学3年生になった時です。受験と思春期の真っ只中です。教え子が数名いる、あるクラスが落ち着かないという話が西村先生の耳に入りました。西村先生はその学年の教え子全てにすぐ手紙を書きました。手紙の内容は、「みんなでゴミ拾いをしないか」というものでした。教え子たちの4分の3ほど集まったといいます。小学生の頃とは違いみんな不安を持っているようで、その顔の多くは暗かったようです。

その時西村先生は、集まったみんなで地域のゴミ拾いをしながら近況を話し合いました。すると子どもたちは、困っていることや悩んでいることなどをポツリポツリと話し始めました。そして、ゴミ拾いを進めるうちに、みんなの顔つきは変わっていきました。西村先生と再び会うことで、小学校の頃の自分を思い出したのでしょう。教え子たちは帰る時には、明るくいい顔をしていたそうです。

誰にでもある心のふるさと。それが恩師でもあり仲間です。その中にいるだけで心が落ち着く。そんな場を設けるのが教師の役割の一つではないかと思うのです。

まさに東井義雄氏がいう「根」を育てる教育です。東井氏に学んだ西村先生、その西村先生は東井氏の教育を肌で感じ、全身で学んできました。その西村先生の子どもたちへの教育は、まさに東井氏の教育そのものなのでしょう。

『あこがれ先生プロジェクト』誕生秘話

『クロフネカンパニー』の中村文昭さん、居酒屋『てっぺん』の大嶋啓介さんたちが日本中の先生を応援し、元気になるためにと『あこがれ先生プロジェクト』という活動を立ち上げ、全国で開催しています。

今では、教育者にとどまらず多くの方が知っている『あこがれ先生プロジェクト』ですが、どうやって誕生したのか？　実は、その原点に西村先生の存在は欠かすことができません。

文昭さん（中村文昭氏）が、西村先生主催の講演に行った時のことです。講演後、休憩中の文昭さんのまわりには、西村先生の教え子の保護者がたくさん集まっていました。そして、色々な話を保護者としたそうです。

文昭さんは、「西村先生の主催したこの会は、なんでこんなにたくさんの人が集まるんだ？」と不思議だったそうです。気になって一人の保護者に聞いてみると、「何言っているんですか。西村先生が声をかけると街中の人が集まりますよ！」と、文昭さんに伝えたといいます。

さらに保護者は、西村先生が特別支援学級の子どもと歩く姿を毎日、見ていたことも教えてくれたそうです。文昭さんは「なるほどな」と思われたそうです。

文昭さんは講演会でよく「テレビや新聞では問題を起こす先生ばかりが話題になる。でも、世の中には目立たなくても素晴らしい働きをする先生も、それ以上にたくさんいる。そういう先生がもっと知られなくてはならない」と話されています。素晴らしい先生と出会い続けている文昭さんは、保護者からの話ですぐに西村先生の人徳に納得したのでした。

講演会の後日、文昭さんのマネージャーから西村先生に電話が入りました。電話口で文昭さんのマネージャーは「『先生見本市』をやりたい。その一回目に、ぜひ西村先生に登壇をして欲しいのです」といわれたそうです。『先生見本市』とは、文昭さんが出逢った素晴らしい先生に登壇してもらう講演企画のことでした。そして2回目より『あこがれ先生プロジェクト』と名称を変えます。

そうなのです。『あこがれ先生プロジェクト』が始まるきっかけは、西村先生の存在が欠かせないものだったのです。西村先生が子どもを想う気持ちが、地域に広まって、地域が動き出した。その姿を中村さんが感じ取り『あこがれ先生プロジェクト』ができたのです。

今では、日本中の教育者に影響を及ぼしている『あこがれ先生プロジェクト』にそんな舞台裏があったことを聞き、私はさらに西村先生の存在の凄さを感じました。

高い志を込めた「教育立志会」

西村先生は、ご自身で主催する教育活動もたくさんおこなっています。その中の一つに『教育立志会』という活動があります。私が『第二回あこがれ先生プロジェクト』に登壇する日の朝、ご参加される西村先生と食事を一緒に食べていた時のことです。西村先生がふと、「みんなが集まって講演会などが聞ける会を私もやりたいなあ」とつぶやいたのです。『人生は考え方によって決まってくる。考え方を変える場、啓発できるような会を立ち上げたい』という想いからでした。

その後の西村先生の行動はまさに電光石火です。いま夢を語っていたと思っていたら、近くにいた西村先生と同じ地区に住んでいる方に、「どこかよい会場はないかな」と、もう実際に声をかけているのです。私は「えっ！いま決めるのですか?!」と正直いって驚きました。「西村先生がやるっておっしゃるなら！」と、その後はトントン拍子です。気がつくと、その場で概要や会場が決まってしまったのです。

それから数ヶ月したある日、私の携帯電話に西村先生から電話が入りました。西村先生は「例のあれ、『教育立志会』という名になったよ」と教えてくれました。あの朝食のちょっとしたアイデアが現実となってしまったのです。

西村先生は笑いながら言います。「俺は頭の中で描けてないのに動いてしまうんだよな。きっとみんなに迷惑をかけているんだろうな」。

そういいながらも、必ずその行動にはしっかりした理念を添えています。自分で自分を教育していく場、その中で志を立てていく。そして多くの方に良い影響を与えていきたい。そんな尊い想いを込めていまも「教育立志会」は活動を続けています。

「『どうせ無理』のストッパーをはずしてみませんか」

喜多川 泰 先生

喜多川 泰（きたがわ やすし）
作家・株式会社L&Rヴィレッジ代表。
1970年、東京都生まれ。愛媛県西条市に育つ。東京学芸大学卒。98年、横浜市に学習塾「聡明舎」を創立。2005年に作家としての活動を開始。幅広年齢層から支持され、著作国内累計80万部を超えるベストセラー作家となる。執筆活動だけでなく、全国各地で講演を行い、連続講座「親学塾」や「本〇塾（ほんまるじゅく）」を全国で開催。講演家としても人気を博すなど多才な一面を持つ。
著書に、『「また、必ず会おう」と誰もが言った。』（サンマーク出版）、『手紙屋～僕の就職活動を変えた十通の手紙～』（ディスカヴァー・トゥエンティワン）ほか多数。
・喜多川泰オフィシャルサイト　http://tegamiya.jp/

意識を変えれば必ず子どもは変わる

喜多川先生との出会いは、長野県でおこなわれた講演会でした。知人に勧められ講演会に行ったのですが、すぐに喜多川先生のモノの見方の不思議な魅力を感じました。

その講演会で司会の方が、「喜多川先生の本を読んでいると、様々な視点で書かれていると感じます。上から下から右から左から、いや、見る物をひっくり返して様々な視点で物事を見ているなと感じるのです」と紹介されていました。

まさに喜多川先生の本を読むと、この司会者の言葉の意味を実感します。書かれた本によって、同じモノでも全く視点が違うことに気づきます。

「すごい感性だ！」私は、初めて喜多川先生に出会ったにも関わらず、一瞬のうちにファンになりました。この出会いが、私の生き方に大きな影響を与えてくれたのです。

喜多川先生は神奈川県横浜市に『聡明舎（そうめいしゃ）』という学習塾を1998年に創設しました。喜多川先生はインターネットで『聡明舎』のことを次のように語っています。

「今でこそ全国から注目されるような教育機関となった『聡明舎』ですが、創立当初から何年もの間（ひょっとすると今でも）ある〝噂〟が根強く広がり思うように生徒が集まりませんでした。それは〝宗教っぽい〟です。『聡明舎』にいくとみんな明るく元気にあいさつをしている。しかも、させられてるんじゃなくて自分から喜んでしている。だから、宗教っぽい。聡明舎にいくと誰もが勉強が好きになる。塾が好きになる。誰もが嫌いな勉強を、みんなあんなに楽しそうにやるなんておかしい。マインドコントロールされてる。『聡明舎』の生徒たちはみんな〝うちの塾最高に楽しいよ。君も来なよ〟と誘おうとする。

だから・・・聡明舎では何かと親に感謝するためのイベントが多い。
だから・・・聡明舎では地域清掃活動をする。
だから・・・　だから・・・。

一応念のため言っておきますが壺を売ったことも、お札を売ったことも、努力をしないで合格する魔法やお祈りを教えたこともありません。あいさつをしっかりする塾をつくっただけで〝宗教っぽい〟と言われて敬遠されるような社会のほうが異常です。あいさつがしっかりできる。親を大切にする。勉強そのものを楽しむ。勉強という道具を使って人間性を磨く。それらを、実践を通して学ぶ場所こそ本来の〝塾〟だという信念が僕たちにはあります。その信念を持った塾が〝素晴らしいね〟とあたりまえのように認められる社会をつくるまでまだまだ、僕たちには乗り越えなければならない壁が多そうです。でも、諦めてはいけない道だと思っています」
『喜多川泰 Official Website より』

喜多川先生が創り上げた『聡明舎』はここまで子どもたちを変えていくのです。子どもは変わる。子どもの意識を変えれば必ず子どもは変わる。「どうせ無理」という子どもの心の中にあるストッパーを『聡明舎』では外していくのです。

学ぼうとする子どもたちの環境を、見える環境だけでなく、見えない意識の環境をも喜多川先生たちは変えていくことで、子どもたちの行動や思考に変化を起こしているのです。

「挑戦する勇気」を育てる

勉強を通じて、勉強よりも大切なことを伝える『聡明舎』は、親御さんたちの間だけでなく教育者たちの間でも噂になり、塾への見学者がたくさん来たそうです。

多くの方に刺激を与える『聡明舎』は、神奈川県内だけでなく県外の方にも大きな影響を与えました。私の知人の教育関係者も、長野県から一日かけて『聡明舎』へ見学に行き、多くの刺激を受け、その類まれな指導方法をレポートしていました。

『聡明舎』に行くと、まず各校舎の入り口の貼り紙に目がとまります。そこには、「どーせ無理をぶっ飛ばしている塾」という凄いスローガンが掲げられています。

このスローガンは植松努氏の講演を聞いた『聡明舎』の講師の先生方が、自主的に校舎の入り口に掲げたそうです。なぜなら、『聡明舎』の理念は「笑顔と優しさ、挑戦する勇気を育てる」だからです。

このスローガンを掲げた先生方の根底には『聡明舎』の理念である「挑戦する勇気を育てる」という想いがあります。

先生方が『聡明舎』の理念を、常に心の中においていたからこそ、植松氏のメッセージが心に響いたのでしょう。そして、『聡明舎』の子どもたちに無限の可能性を引き出し、自信を持たせ、限りなく大きく成長させようという想いをいつも忘れないために各校舎に貼り出したのではないでしょうか。

教師塾で教え方を伝えていく

喜多川先生の活動は、『聡明舎』の代表や本の執筆だけにはとどまりません。喜多川先生の軸となる教育者の心。その姿勢を喜多川先生は『教師塾』という名のもと全国各地で講演等の活動を行ってきました。講演では教育のあり方、指導者としてのあり方などを語ります。その講演がＣＤ化され、多くの教育者がそのＣＤを聴いて学んでいます。

私が静岡県の先生方の集まりの研修会に参加した時もそうでした。その会が始まるまでの間、テーブルにＣＤデッキを置き、みんなで喜多川先生の「教師塾」のＣＤに聴き入っていました。手にはノートをもって大切なことを必死にメモしているのです。このように、喜多川先生の指導に対する姿勢は、教育の現場でかつてない刺激を与えてくれるのです。勉強だけでなく、本当に役立つことを子どもに教えることこそが教師であると感じます。その実践と姿勢を喜多川先生は前面に出し、多くの方へ教師のあり方を伝えています。

「日本中の教員が、喜多川先生の想いを実践できれば（喜多川先生のようになれば）、日本の教育は変わるだろう」

著名な先生方も喜多川先生の講演を聞いた後、口を揃えてこう言われることが全てを物語っています。

植松努氏の講演会にて

私は、2012年に北海道から植松電機の植松努氏をお呼びし、私の地元神奈川県で講演会を企画しました。植松氏は北海道で宇宙開発をし、ロケットを打ち上げている方です。植松電機のホームページには「可能性は無限大」と書かれています。講演でも植松氏は「どうせ無理」という言葉を世の中からなくしたいと語られています。

この植松氏の講演会を、私を含め数人で企画したのです。私にとっては初めての講演会の企画で、会場準備から告知の方法など初めてのことばかりでした。いろいろなことを知人に教えていただき、当日を迎えました。

北海道から多忙なスケジュールの合間を縫って来てくださった植松氏は、その日体調がすぐれなかったのです。それでも、植松氏はステージから紙飛行機を飛ばすパフォーマンスまでしてくださり、講演会場は植松氏の話に興奮状態でした。体調の悪さを微塵も感じさせず、「さすが植松さん」だとスタッフ一同感銘していました。

この植松氏のＤＶＤ『きみならできる！『夢』は僕らのロケットエンジン』の帯に「植

松努さんの話は一度聞くと必ず人生観が変わります。人生そのものが劇的に変わります」と、喜多川先生が推薦コメントを書かれているのも頷けます。

驚きが起こったのはこの植松氏の講演会の入場時です。開場の時間となり、スタッフが担当の場所につきました。私たち中心スタッフが会場を回っていると、受付のところにはすでに行列ができていました。

その列に並んでいる人を見ると、見たことがある方が列の中に並んでいるではないですか。「まさか？？」と思い、近づくとそこに並んでいたのはなんと喜多川先生だったのです。もちろん私は喜多川先生が講演会に来ることは知りませんでした。他の方と一緒に並んでチケットを購入し、入場を待っている姿に驚き駆け寄りました。ひと声かけてくれれば、来賓扱いにさせていただき、並ぶこともないことは言うまでもありません。常に謙虚で、目立とうとせず、自分らしさを大切にする喜多川先生の一面を見た気がします。

人は人に見られていない場所で本当の姿が見えるものです。そこに、その人の本質が表れるのだと思います。受付に並んで入場を待っていた喜多川先生の姿に感銘を受けました。

あしがら学び塾の講師として

植松氏の講演会を企画した翌年、私と知人数名が主催する『あしがら学び塾』が発足しました。この『あしがら学び塾』では、著名な方を講師としてお呼びし、たくさんのことを学ぼうとする会です。『第1回あしがら学び塾』は、我武者羅應援團さん、比田井和孝先生、木下晴弘先生、そして喜多川泰先生という、まさにそうそうたる講師陣でスタートしました。

第1回でありながら全国から100人以上もの参加者が殺到しました。もちろん喜多川ファンもたくさん集まり、とても盛り上がりました。

この『あしがら学び塾』はちょっと変わった形式で行うことにしました。何が変わっているかというと・・・まず一泊二日の合宿形式であること。さらに、参加者のすぐ側に講師の方にも泊まっていただき寝食を共にしてもらうということです。小・中学校のころ、林間学校へ行った方もいると思いますが、そんな雰囲気。まさに大人の林間学校です。

講師の方々は別棟に泊まりますが、同じ宿泊施設です。カーテンを開けると外からその室内が見えるのです。講師の宿泊棟をふと見ると、講師の方々がみなさんで布団を敷き、寝る準備をされていました。講師の方も童心にかえっている様子です。

同じ宿泊施設ですので、食事も食堂で参加者と一緒に食べますし、お風呂も共通なので一緒に入ります。松下政経塾の元塾長であられた上甲晃氏の言葉に「三不」という言葉があります。人を育てるのには不自由・不便・不親切が大切といわれています。あしがら学び塾の参加者への「三不」を講師の方も一緒に体験してもらい深く絆を深めるのが狙いです。

喜多川先生はすぐに実践してくれました。夜の懇親会が終わり、入浴の時間のことです。参加者と一緒に大浴場に入っていると、「ガラガラー」とお風呂のドアが開き、何食わぬ顔で入ってきたのが喜多川先生だったのです。「一緒とは聞いていたけれどまさか本当に?」みんなは歓喜の中、喜多川先生を迎え入れましたた

この時、植松氏の講演会の時に参加者のみなさんと一緒にならんでいた喜多川先生を思い出しました。常に謙虚で、目立とうとしない、自分らしさを大切にしている喜多川先生だと改めて実感しました。

喜多川先生はいつも一人の人間としてその場との関わりを大切にしてくれる方なのです。

たった数十文字のために一冊全てを読む

私は、『熱血先生が号泣した！　学校で生まれた〝ココロの架け橋〟』という3冊目の著書を出版しましたが、この本の帯に喜多川先生の推薦文をいただいております。実は印刷までもう時間がない状況。喜多川先生も執筆中で大変お忙しいことを知っています。でもどうしてもお願いしたいという想いでした。すると、喜多川先生は快く承諾してくださいました。

でも、ひとつ条件がありました。それは「本の全ページを読ませてください」ということでした。忙しい喜多川先生がすべてのページを丁寧に読みたいというので私は驚きました。そして、「子どもと親と真剣に向き合う、一つ一つのエピソードから深い愛情と感動、そして先生という仕事の素晴らしさが伝わってきます」という素晴らしい帯文を書いてくださったのです。ここに、喜多川先生の物事に対する厳しさ・丁寧さ・プロフェッショナルさを見ました。

帯文は長い文章は載せられませんが、その文章に思いを込めるために喜多川先生は全ページを読んで、帯文を書いてくれたのです。

この厳しさは常に「どんなことにも妥協をしない」という喜多川先生自身への生き方にあるのだと思います。妥協をしないからこそ、物事に対して追求し、さまざまな視点での見方や考え方ができるのだと思います。それは喜多川先生の本の内容からも感じられます。さまざまな視点で物事を考え、常に読者の予想の遥か上を行く綿密なストーリーで綴られていく作品はまさに「喜多川ワールド」です。

以前、喜多川先生に小説を書くときの執筆工程を聞いたことがあります。驚いたのは本になっているページ数の倍以上の原稿を書き、そこからページを詰めていくといわれたことです。決められたページ数を書くのではなく、まず想いを文章にして、そこから文章を繋ぎながらストーリーを作り、本のページ数まで絞り込んでいくそうです。

これは原稿を書いたことがある方ならわかるかと思いますが、想像を絶する大変な作業です。これは喜多川先生が常日頃から柔軟な思考で物事を考えているからこその神業だと思います。


喜多川先生は、自分に対しても厳しい方です。実は『あしがら学び塾』の講演会の休み時間でもパソコンに向かう姿、また懇親会の後、一人部屋に戻り原稿を書いている喜多川先生の姿を見ました。それでも、決してみんなの前では忙しいそぶりを見せない喜多川先生を知り、私はますますファンになりました。

また、喜多川先生には『ＹＰＣ』誌にも特別寄稿をしていただきました。大ファンの作家の方が、私の編集する機関紙に原稿を書いてくれるなんて、嬉しくて仕方ありませんでした。

ご多忙の中、みんなとテーマを揃えて、原稿を書き、しっかり校正をしていただきました。同人誌の原稿でも手を抜かず、みんなと同じ条件で執筆してくださることに本当に恐れ入りました。それは植松氏の講演会で受付の列に並んでいた姿、あしがら学び塾で一緒のお風呂に入る姿のように、常に謙虚で、偉ぶらず、ありのままの姿でした。

「『何のための』勉強か」

木下 晴弘 先生

木下 晴弘（きのした はるひろ）
教育者、元カリスマ塾講師、（株）アビリティトレーニング代表
1965年、大阪府出身。株式会社アビリティトレーニング代表。学生時代に大手進学塾の講師経験で得た充実感が忘れられず、銀行を退職して同塾の専任講師になる。生徒からの支持率95％以上という驚異的な成績を誇り、多くの生徒を灘校をはじめとする超難関校合格へと導く。2001年に独立し、株式会社アビリティトレーニングを設立。最前線で教鞭を振るってきたノウハウをもとに、全国の塾・予備校・学校で、「感動授業開発セミナー」「子どもたちがやる気になるセミナー」「保護者の魂を揺さぶるセミナー」「モチベーションを高めるセミナー」などを行い、受講者は2018年現在で35万人を超えている。
著書に、『子どもが「心から」勉強好きになる方法』（PHP研究所）、『涙の数だけ大きくなれる！』（フォレスト出版）ほか多数。
・株式会社アビリティトレーニング　https://www.abtr.co.jp/

初対面でありながら

山田暁生先生が『やまびこ会』を創立したのは１９８６年のこと。そして２００２年にやまびこ会から『ＹＰＣ』誌が生まれました。『ＹＰＣ』は教育現場からの発言集として、私が全国の教育者から執筆メンバーを募ります。そして、共通テーマを元にメンバーが想いや実践を綴り、私が編集して年に4回季刊誌として発行しています。

２０１２年、『ＹＰＣ』誌の発足10年を迎えようとしていた当時、10周年記念会をどうおこなうかを考えていました。いろいろと検討した結果一年遅れましたが、２０１３年に『第１回あしがら学び塾』という形式で無事10周年記念会を開催できました。

この『第１回あしがら学び塾』で初めて木下晴弘氏とお会いしたのです。もちろん、それ以前からずっとお名前やご活躍は知っていましたし、著書も読んでいました。しかし、なんとなくすれ違いが続き、実際にお会いするのはこの時が初めてでした。

『第１回あしがら学び塾』を開催するとき、何人かの仲間が力を貸してくれました。実はその一人が、「私は木下先生を講師に迎えたい」と強く推薦し、木下先生に講師をお願いしたのです。スタッフの一人がなぜ木下先生を強く推薦したのかは、お会いしてすぐにわかりました。

当日、木下先生が『あしがら学び塾』の会場に着き、担当スタッフが講師控え室に案内しました。お互い初対面ですので名刺交換をし、当日の流れを確認しました。木下先生の第一印象はとても明るい方でした。関西弁交じりで楽しい話をどんどんしてくれるのです。

そして、会話の途中で木下先生が何やら私の前に差し出されるのです。その表書きには「お祝い」と書かれてあり私は驚きました。「講師としてお呼びした木下先生にご祝儀など・・・」。躊躇した私は、手を出すことをためらいました。それでもなお、ご祝儀袋を差し出しながら木下先生は一言、「10周年おめでとうございます」と。

鳥肌が立つような感動です。『第一回あしがら学び塾』は、『YPC』誌10周年を兼ねて開催するということをスタッフは木下先生にお伝えしていました。それでも、まさかお呼びした講師の方からご祝儀をいただくなんて想像できませんでした。

人は予想もしていないことに出会うと驚き、感動をするものです。「相手の予想を裏切れ」という言葉があります。「まさか！」と思うことに人は驚き感動することは私も経験してきました。しかし、それがさらっとできる方はなかなかいないものです。

木下先生はそれができる方でした。行動はさらっと何気なくされますが、その想いの強さ、準備の完璧さにはどれほどの心遣いをされていることかと思います。

言葉にせずとも、行動からその方の想いは伝わるものです。木下先生の行動はまさに衝撃的でした。私は講演でお話を聞く前から、すでに木下さんの魅力に引き込まれていました。

心を語る木下先生

衝撃的な木下先生との出会いから、何度も木下先生の講演に行くようになりました。ある日の講演では、「イラン・イラク戦争」の出来事を話されました。でも、木下先生の話はその戦争の説明ではないのです。その時代に生きていた「人」の物語なのです。優しく清らかな人同士の心の話なのです。

この戦争の最中の日本人とトルコ人の友情、国家など関係なく、人が人として、人を救おうとする必死な姿。そして多くの方々の想いや優しさを語ってくれました。人の優しさはどの時代でも同じです。本来の人のあるべき姿を見せつけられた会場は、みなシーンとして聞き入り、そしてすすり泣く声がしてきました。

木下先生のお話はどんなお話も、人としてあるべき姿、人としての優しさ、そして、生きる勇気を感じさせてくれます。それは、人は人から学ぶことが一番であるというメッセージのようにも感じています。

以前、進学塾の講師をされていた木下先生ですが、ここでの生徒への指導や保護者への指導も、人としてどうあるべきかを問いかけてきました。木下先生が、受験時の保護者に必ずしている質問を教えていただきました。それは子どもの将来についてです。「勉強ができるようになったらどうしますか？」と木下先生は保護者に問います。保護者の多くは「よい高校、よい大学へ行かせます」と答えます。次に「ではよい高校、よい大学へ行ったら、どうしますか」と聞くと「よい企業へ就職できます。経済的にも安定する生活が送れますから」「では・・・」。

こうやって、木下先生は保護者に次々と質問をしていきました。すると、途中の回答はいろいろであっても、最後はみんな同じところに辿り着くのです。それは「子どもに幸せになってほしい」という答えです。親は、みな子どもの幸せを願っているのです。

「なんのために」という問いかけをすることで、人の行動は変わってきます。それは勉強だけでなく、すべての活動において「なんのために」という原点を意識し行動することが、いかに大切であるかということなのです。例えば、食堂の炊事場でお皿を洗う時、「早く終わらせよう」と洗うのと、「このお皿でどんな方が食べたのかな、明日もこのお皿で美味しい料理を食べてほしいな」と思って洗うのでは、全く意味が違います。

そこには多くの方への感謝の気持ちがあります。料理を作ってくれている料理人の方、その料理を盛り付けし、お客様のテーブルに運ぶ方、そして、その料理を美味しく食べてくれているお客さん。お皿一枚にもたくさんの人の想いや感謝があり、その陰にドラマを想像できます。

木下先生は保護者に質問を続け、「なんのために勉強をするのか」「なんのために保護者は子どもを塾に通わさせているのか」を明確にしていったのです。すると、学ぶことの本来の目的が明確になるのです。

さらに、木下先生は勉強していく子どもたちの集団を分析したそうです。学習効果をあげるには、一般的には個々の勉強方法の工夫などのアドバイス等が考えられますが、木下先生はノウハウでなく、環境に注目したのです。

人は環境に左右されがちです。その環境により、自分の行動も変わります。例えば、ゴミの落ちていないディズニーランドで意図的にゴミを捨てる人はいません。ゴミを捨てられない環境が作られているのです。

以前、私の学校の修学旅行で高級感のあるホテルに泊まったことがあります。その雰囲気にいつも騒がしい生徒たちは圧倒され、他の人のいる場では大きな声を出さずにホテルで過ごしました。一言も教師が注意をすることもなかったのです。よい環境は自然と人の行動をよい方向へと導くのです。

しかし、木下先生は、目に見える物的環境ではなく、仲間で作り上げていく環境が大事だと考えたそうです。そして、目に見えない心の環境を調べていったのです。学習効果が上がる集団は、どんな学習集団なのかを学習塾のいくつかの教室ごとに調査しました。結果、その違いは、「チーム」であるか「グループ」であるかということに辿り着きました。この2つは全く別物です。同じ学習システムで勉強し、同じ講師陣で、そして同じ学習レベルの生徒たちでも、学習効果に違いがはっきり起こるそうです。

「チーム」になっている集団は、共通の目標が定まっています。みんなで頑張ってみんなで合格をするという目標や想いです。だから、チーム内で受験勉強から逃避し、ゲームなどをしている仲間には、「俺も頑張るから、しばらくの間はゲームで時間を使うのはやめようぜ」とやめさせ、注意された側も「ああ、そうだな」と素直に納得して反省します。

一方、「グループ」の集団の場合、「合格」という同じ目標はあれど、そこへ向かう道のりはバラバラです。だから教室を出たら他人同士。ゲームをしている同じ教室の仲間がいても気にしないで、自分の勉強を最優先していくというのです。このように、集団の作られ方が学習効果に大きな影響があることを調べたのです。

これは、学習する集団だけではなく、どんな集団にも共通することです。大人も子どもも関係ありません。例えば、野球のオリンピック代表。シーズン中はそれぞれの球団で闘っていますが日の丸を背負うと集まったメンバーで「チーム」を創り一丸となります。所属球団ではスター選手でも、ヘッドスライディングをして、必要とあれば送りバントもします。勝つと冷静な選手でもガッツポーズを繰り返し、負けると普段は絶対に見せない涙を流して悔しがります。

ともに目標に向かっていく「チーム」の絆は強いのです。「自分だけよければ」という気持ちの「グループ」では、このような感情も生まれないでしょう。

人は見えない力こそ大きな原動力になっていることが多いと思います。目に見えないから気にしないのではなく、目に見えなくても間違いなく存在し、人に大きな影響を与えている力の方が実は大切だということです。このように、たくさんの目から鱗の学びを木下先生から教えていただきました。私に、「なんのため教えているか」を常に考えるきっかけを与えてくれました。

アルバイトでの出会いが仕事を決めた

木下先生が大学卒業後の仕事として選んだのは進学塾の講師でした。そのきっかけは、学生時代のアルバイトにありました。

学生時代にはアルバイトをした方は多いかと思います。そのアルバイト先での学びや人との出会いが大学を卒業しても繋がっていることは少なくないでしょう。多くの方が「ご縁」という言葉をきっと最初に学生時代に体験したのではないでしょうか。

また、どんなアルバイトを選ぶのかも人それぞれ。自宅や学校からの距離、賃金、業種などさまざまな条件がある中から選んでいきます。しかし、この選択は数年経って振り返ると自分で選んだにもかかわらず、選ぶべきして選んだものだと思ったことはないでしょうか。

人生は常に選択の連続。そしてその選択は振り返ると、選ぶべきして選んだものであることに気がつきます。その選択によって、新しい学びや人との出会い、その人との出会いから新たな出会いが生まれてきたのです。

木下先生もそうでした。学生時代にアルバイトとして選んだのは、その後職業となった塾講師でした。実は塾講師を選んだ理由は、学生時代の生活費を自分で得るために、当時、アルバイト代が高かったという理由だそうです。でも今の木下先生の姿を見ると、この選択も選ぶべきして選んだとしか思えません。言い方を変えれば塾講師というアルバイトが木下先生を招いていたのかもしれません。その証拠に、木下先生はどんなに大変な時も、このアルバイトをやめることなく学生時代の4年間ずっと塾講師を続けました。その後、いまアルバイト先だった塾講師が仕事になっていったのです。

木下先生は言います。「私は4年間で塾講師という仕事の魅力に取り憑かれたのです」と。

教育の魅力に取り憑かれて

知らぬ間に木下先生は、「塾講師を通じて教育という仕事に魅了されたのでしょう。

私も校長として教員を見ている立場なのでよくわかります。思春期の子どもと関わった時、大人が思春期の子どもの持つ魅力に一瞬のうちに魅了されるのを見てきました。

しかし、思春期の子どもは心と身体のバランスをなかなか取れず、自分のことさえコントロールできない難しい状態です。木下先生は当時を振り返りながら「そんな子どもたちを他人である私が指導しきれず、毎日が様々なものとの闘いでした」と振り返ります。でも、その悩みと闘ってそれを乗り越えた時の大きな達成感を学生時代に味わったのです。

こうして、木下先生は子どもの教育に魅了されていったのです。そして、木下先生のその後の人生を決め、後に塾業界でカリスマ講師となっていったのです。


しかし、今でこそ学校・塾・家庭の3者が繋がりを持っていますが、木下先生が塾講師になった当時は、学校は学校、塾は塾、さらに家庭は家庭と、教育の形態はそれぞれ全く別物と捉えられている時代でした。

木下先生もそのことを強く感じていたそうです。でも、子どもは塾・家庭・学校など環境が変わっても同じ子どもです。周りの大人の対応がバラバラだと子どもは精神的に迷子になってしまいます。

しかし、現在では、木下先生の塾・家庭・学校を一貫した学習・指導方法のＤＶＤを全国の多くの教育者や親御さんが見て、学んでいる時代になりました。木下先生をはじめとした、革新的な教育者たちの活動は今では学校教育に大きな影響を与えているのです。

木下先生は「本質は突き詰めていけば入口がどこであろうと同じものにたどり着きます」と言います。子どもたちに幸せになって欲しいという願いは、学校も塾も家庭も同じなのです。

合格は入学するためではない

木下先生にはS君という忘れられない塾生がいました。このS君と木下先生の心の交流を聞くたびに私は涙が溢れてきます。

S君は中学3年生の6月頃入塾しました。通常は3月、4月の新学期ですし、さらに中学3年生時とかなり遅い時期の入塾で、受験まで一年を切っています。

しかもS君はノートも持ってこない、着ている服もいつもよれよれのTシャツとジーパンでした。木下先生が何度注意してもS君はノートを持って来ず、とうとう木下先生はあきれながらコピー用紙を渡したといいます。

でも、その時にS君は見たこともないような嬉しそうな顔をしました。叱られながら渡されたコピー用紙だったのですが、「先生、ありがとうございます」と言いながら、嬉しそうに受け取ったそうです。

ある日、S君のお母さんがS君の弟を連れて塾を訪れたとき、なかなか持ってこないノートのことを聞いてみたそうです。その時、初めてお母さんはS君の塾では見せていない家庭での環境を話し出したのです。S君の父は亡くなっていて、お母さんが一生懸命に働いて、家計を支えていたことを聞かされました。「K学院という難関校を受験し、合格したい」「ここの塾に通いたい」というのがS君の夢だったのです。K学院を受験校にしている生徒のほとんどは、中学1年生から塾に通う子が多いことは知っていたが、S君は家庭の経済的理由でなかなか入塾できず、中学3年生の6月になってしまったというのです。

子どもの言動には、「そうせざるを得ない理由」がある。その事実を知ったとき、子どもの本当の姿を見ることができるのでしょう。

この事実を知ったとき、木下先生は衝撃を受け、1分以上もS君と母親に頭を下げていたといいます。きっと、そのときの木下先生の目には涙が溢れていたのではないでしょうか。教え子を本気で指導してきたからこそ、思わずその行動をとったのだと思います。

しかしS君は人一倍、一生懸命勉強をがんばりました。「この塾に通う」という夢を一つ叶えたS君の次の夢は「K学院に合格する」ことでした。でも持っている参考書は1冊しかなく、その参考書を何度も何度も繰り返し使っていました。とうとう最後には、紙がめくり上がって端が何倍にも厚くなってしまったのです。木下先生はそのボロボロになった参考書を目にして、「ちょっとかせ」といって大切にテープで補強してあげたそうです。

S君は一度も塾を休むことなく、熱があってもテストを受けていたそうです。毎日遅くまで勉強をし、わからないところは木下先生に食い下がるような気迫で質問をし続けました。K学院に合格するというその想いは間違いなくクラスで一番でした。

6月に入塾したS君ですが、その努力の甲斐もあり、なんと三ヶ月後の9月のテストでは700人中10位以内に入ったのです。木下先生はS君の素晴らしい頑張りに感動し、涙ながらに「S君、よくやった！よくやった！」と声をかけました。

それほどS君は文字通り一心不乱に勉強をしてきたのです。その姿を一番近くで見ていた木下先生は涙を流したのでしょう。人が感動し涙を流す時、それは必死で頑張っている一人の人間を見た時です。それは大人も子どもも関係ありません。

とうとうK学院の受験の日がやってきました。気持ちが高ぶったS君は他の受験生より早く会場に来ました。S君の体はガタガタと震えていたそうです。緊張からではありません。なんと、学生服の下には夏のTシャツ一枚だけだったのです。受験シーズンの朝は指先がしびれるほどの寒さになります。きっと母親に苦労をかけてはいけないと、服が欲しいともいわなかったのでしょう。

その姿に木下先生は持っていた使い捨てカイロを全てS君に渡しました。そして「右手は神の手だ。絶対に右手だけは大事にしろ。かじかんだら答えもかけないぞ」と一言S君に声をかけたのです。人を励ますのには多くの言葉はいらないのです。思いを短い言葉に乗せて伝えることなのです。S君はその日、全力で受験に挑みました。

合格発表の日、K学院では掲示板に名前を貼り出しました。多くの受験生はその瞬間を待っていました。木下先生もその場にいました。木下先生はすぐに見つけました。「あったぞ、S君の名前が！」S君は難関校といわれているK学院にみごと合格したのです。しかし、その場にまだS君はいませんでした。木下先生は「きっと、もうすぐS君は来る、きっと来る」と信じて合格掲示板の前でずっと待っていました。すでに外が暗くなった夜7時を過ぎたころ、S君はお母さんと弟と一緒にようやく現れました。S君も外が暗くなっても待っていた木下先生に驚きました。

人は心が繋がっているとき、自分にできることを精一杯してあげたい。それが無駄になってもいい。自分ができることを精一杯S君にしてあげたいという気持ちで、木下先生は待っていました。それほどS君と木下先生は心が繋がっていたのです。木下先生はS君に「おめでとう」という言葉をかけながら、あふれる涙がとまりませんでした。

中学3年の6月に入塾したS君ですから塾に通ったのは一年未満なのですが、S君の頑張りを知っているだけに木下先生は万感の想いだったのでしょう。ようやくS君のK学院に合格するという夢も叶ったのです。

「それにしても遅かったな」と聞いてみると、S君はお母さんの仕事が終わるのを待って、一緒に合格発表を見に来たかったというのです。苦労をかけたお母さんと一緒に見たかったのです。子どもながらのその優しさに木下先生はまた涙しました。

しばらくして、「これで4月からK学院の生徒だな」と声をかける木下先生。でもS君は「僕はK学院には行きません。公立高校へ行きます」と言いだしました。木下先生は驚いて「どうしてだ、あんなに頑張っただろう！」と聞き返しました。するとS君は嬉しそうに「もう夢は叶ったからです」と答えたのです。

S君にとってK学院に入学することではなく、合格することが夢だったのです。初めからK学院に合格しても入学することは考えていなかったのです。それはS君の母親への想いだったのかもしれません。それでもS君は必死で勉強をし続けたのです。

S君は4月から公立高校に通ったそうです。でも、それから3年後。木下先生が週刊誌に掲載された東大と京大の合格者一覧を見た時、驚いてわが目を疑ったそうです。なんとそこにS君の名前があったからです。S君はどんな環境でも変わらず勉強をがんばっていたのです。

教師と必死に教えた子どもとの間には必ずドラマが生まれます。いつどんなドラマが生まれるのかはわかりません。でもたった一つ分かっていることは、子どもは必死になってくれた教師に必ず報いようと恩義を感じてずっと生きてくれるということです。木下先生とS君との出会いもまさにドラマです。

誰かに恩義を感じさせられる人は、人を幸せにしていく人です。そんな人と人との関わり方、相手を幸せにしていく生き方を木下先生から教えられました。

「学生が意欲を出す魅力的な学校づくり」

比田井 和孝 先生　比田井 美恵 先生

○比田井 和孝（ひだい かずたか）

１９６９年、長野県出身。上田情報ビジネス専門学校副校長。日夜学生の幸せを考え、バリバリ実行していく熱血漢。「就職対策授業」では、テクニックではなく、物事に対する姿勢や「人として大切なこと」を説く。全国の教育機関をはじめ、一般企業からの講演依頼が後を絶たず、述べ参加人数は20万人以上、講演回数は８５０回を数える。

○比田井 美恵（ひだい みえ）

長野県出身。上田情報ビジネス専門学校校長。２００６年より、和孝先生の授業録を美恵先生がまとめたメルマガ『私が一番受けたい「ココロの授業」』を発行。同校では、毎年『ココロの授業講演会』と称して、比田井和孝と特別ゲストの講演会を毎年開催。１０００人以上もの人が詰め掛ける大イベントとなっている。

和孝先生、美恵先生の共著に累計30万部突破のベストセラーシリーズ『私が一番受けたいココロの授業（３部作）』（ごま書房新社）、『あなたの人生が輝く奇跡の授業（三笠書房）ほか多数。

・上田情報ビジネス専門学校　http://www.uejobi.ac.jp

いま自分ができることを全力でおこなう

人と人との出会い方は10人いれば10通りの出会い方があり、100人いれば100通りの出会い方があります。比田井和孝先生（以下、和孝先生）と比田井美恵先生（以下、美恵先生）との出会いも、不思議な出会いでした。

以前よりご縁のあった、愛知県にお住いの作家・コラムニストの志賀内泰氏に『やまびこ会』の資料や『YPC』誌を見本として何セットか送らせていただいていました。するとその内の1セットを、お知り合いの美恵先生に送ってくれていたのです。美恵先生は、『やまびこ会』の資料を読まれてすぐに行動されました。「『やまびこ会』の活動を一緒にさせてください！」と、すぐにご連絡をくださったのです。

まず行動をした美恵先生に、私はとても興味がわきました。今まで出会った方々の中で私に刺激を与えてくれた多くの方は、この「まず行動」ということが共通しているからです。

さらに美恵先生の行動は止まりません。病室から執筆していた、『やまびこ会』のホームページをすぐに見つけて、山田先生の『ホスピスからのはがき通信』を熟読したそうです。「そして自分たちに何ができるか？」と考えた結果、病院にいる山田先生がいつでもみんなに電話できるようにと、テレホンカードを何枚も山田先生の病室へ送ったのです。和孝先生と美恵先生、お二人共著での初著書『私が一番受けたいココロの授業』（ごま書房新社）の元となった小冊子も山田先生に送っていました。

行動する方は行動する方に近づく。実践者は実践者と繋がる。それを美恵先生と山田先生の間で感じました。

実は、美恵先生から送られた数枚のテレホンカードと小冊子を病室で手にした山田先生は、嬉しくてすぐに美恵先生に電話を入れていたのです。後日、美恵先生は、「せっかくみんなと話すためにお送りしたテレホンカードが終えてしまうほど、山田先生はたくさん話をしてくださった」と、苦笑しながら教えてくれました。

しかし、この時点でも私は美恵先生とお会いしていないのです。お会いするどころか、声も聞いたことがなかったのです。メールや手紙で近況を伝えあいながら『ＹＰＣ』誌の原稿のやり取りをしている関係でした。

ようやく比田井両先生と出会ったのは東京の渋谷でした。お二人の初著書『私が一番受けたいココロの授業』が出版された直後、その出版記念として渋谷の『大盛堂書店』でトークショーとサイン会を行うという噂を聞きました。私はすぐに書店に予約して、当日渋谷に向かいました。そしてついにこの日、お二人と初めて会えたのです。本当に感激でした。

後日、その時のことを話していると、お二人がこの日のことを実に鮮明に覚えていたことに驚きました。なんと、その時の私の服装、そして「向かって左側の後ろに座っていましたよね！」と席の位置さえも覚えていたのです。

ご縁を大切にする人は、特に出会いの瞬間を大切にします。多くの出会いだけを求めてしまう方は、その場の出会いは多くとも深いご縁はなかなか築けないのです。お二人の周りには、いつも深いご縁が溢れていることからも、とても出会いを大切にしている方だということがわかりました。

資格を取って、公務員試験に受かって、就職できて、幸せになっていくのだろうか？

美恵先生が校長、和孝先生が副校長を務める、『ウエジョビ（上田情報ビジネス専門学校の愛称）』では、著名な方を講師として毎年一回、ウエジョビの教員や生徒、さらに一般の方にも公開している話題の講演会を行っています。その名も『ココロの授業　講演会』です。参加者は年々増えていき、中村文昭さんをお呼びした年は、なんと1000人規模になったそうです。私も何度か参加したのですが、市民会館を借り切るその規模と、参加者の多さに毎回驚いています。

さらにこの講演会参加は、なんと無料なのです。もちろん、チケットの発送から、会場費や講師代、その他経費もたくさんかかると思います。1000人も集まったのなら、会場の運営なども非常に大変だったと思います。

不思議に思い私はお二人に尋ねてみました。その理由には、ウエジョビの歴史とも思える想いがあったのです。

東井義雄先生の言葉に、「ほんものはつづく　つづけるとほんものになる」というものがあります。お二人に『ココロの授業　講演会』への取り組みの真意を聞いたとき、この言葉を思い出し、まさにこれは「本物だ」と実感しました。

『ココロの授業　講演会』は当初、学生へよりよい講演を聞かせたいという思いから始まっていたのです。一般の方への公開はむしろ後になって決めたことでした。

お二人は「ウエジョビに学生がくるのはなぜだろうか」と考えました。「資格が取れるから？」「公務員試験に受かるから？」「就職できるから？」といくつかの答えを出してみたといいます。「でも資格を取って、公務員試験に受かって、就職できて、それでみんな幸せになっていくのだろうか?」こうしてどんどん学生の幸せについて考えていったそうです。そして、最後に辿り着いた結論は、「よい仕事」ができることが幸せなのではないだろうか。ということでした。

「よい仕事」ができれば、職場で必要とされる人になっていく。人は人に必要とされた時、幸せを感じる、自己存在感を実感できる時、人は幸せを実感できると思ったのです。

こう考えたお二人ですが、この「よい仕事」をし、職場で必要とされる人になるには、どうしたらよいのか、とさらに深く考えていったのです。そして、それは「人間性」を育てることではないのかと行きついたのです。

その言葉通り、2003年、ウエジョビは「これからは人間性も磨く学校になります」と宣言しました。

専門学校のお客さまはどの方?

この「人間性」を育てようと考えた時、ちょうどある講演案内のダイレクトメールが和孝先生のところに届きました。参加費はやや高額でした。でも、和孝先生はどうしてもその講演に行きたくて、当時のウエジョビの校長、佐藤勲先生のもとへ「お願いします。どうしてもこの講演に行きたいんです！」と、頼みに行ったそうです。すると佐藤先生は一言、「わかった。その代わり俺も一緒に講演に行くぞ」と言われたそうです。私は、この二人のやりとりから知ることのできる、深い信頼関係に心が震えました。

こうして和孝先生は、念願の講演会に行きました。講演途中に講師の方は、「専門学校にとってのお客様は誰ですか？」という問いをしました。会場のみんなが「親だ、学生じゃないか」というなか、講師の方は、「本当のお客様は、その学生を送り出す先にある社会です」と、きっぱりいいました。和孝先生に向けては、「ウエジョビを卒業し、社会に出て、その社会の人々が喜んでくれる。そのような学生をウエジョビは育てていかなければ未来はない」とまでいわれたそうです。

「社会が喜んでくれる学生を送り出す時、一番喜ぶのは学生じゃないか！」と和孝先生は気づきました。その後は「人間性を磨く」ことに一直線で進みました。そして、学生の人間性を高めようと始めたのが『ココロの授業講演会』だったのです。

当初、学生以外の一般参加者は15名ほどだったそうです。今では一般参加者は毎年600人以上になっているそうです。お二人の教育理念から、学生の人間性を高めようと始めた『ココロの授業講演会』の対象は学生でした。でも参加した何人かの「感動した」という声を便りに、志の高い一般の方々がどんどん集まってきたそうです。その結果、今では『ココロの授業講演会』は、上田市の名物行事と言われるほどになり、全国からたくさんの人が足を運ぶようになりました。まさに「本物は続く」の言葉通り、２０１８年で『ココロの授業講演会』は第14回を迎えました。どんな想いで物事を始めるか、それが活動の理念となり、ぶれない軸となっていくのです。

校長は職員の親でもある

私が校長になってから、毎朝生徒が部活動をしている時間に、正門から生徒の通学路までを掃除していました。正門のところで咲き誇った桜の花も、咲き終えると近隣の方の庭に舞い落ちてしまいます。その度に、近隣の方の庭で咲き散った桜の花を掃いていました。すると、ある日から学校の近隣の方も、「桜の花を楽しませていただいたから、掃除までしていただくと悪いわよ」と、一緒に掃除を手伝ってくれるようになりました。

職員室の朝の打ち合わせが終わり、各担任は学級教室へ行きます。その間、今度は生徒昇降口を掃除します。いつもこの時間に一緒に生徒昇降口を掃除してくれる近隣のおばあちゃんがいました。いろいろと話しながら二人で掃除をしていました。そのおばあちゃんは私に、「校長先生の後ろ姿は、先生方がいつも見ているのよ」「校長先生は先生方の親と同じですよ。生徒は校長先生の孫なんですよ」というのです。

ある時私は、年長者のその一言一言に、いつも気づかされ、励まされていることに気がつきました。朝の掃除で出会ったおばあちゃんに、私の校長職としての軸を学んだ気がしました。

実は、この出来事と同じことをウエジョビを経営される、美恵先生からお聞きしました。それは美恵先生の「職員への想い」を話してもらった時です。

「学生に幸せになって欲しい。そのためには、職員が幸せでなければと思う」と話し始めました。さらに、「職員の家族の支えがあって、職員が仕事をすることができている。みんなウエジョビファミリーなんです」と。そして「職員に子どもができると、私の孫が生まれたみたいに感じるんです」とまでいわれたのです。

ウエジョビを経営する、美恵先生は職員を我が子のように思い、そして職員の子どもを我が孫のように感じているのです。人と人が職場で仕事をする時、「これは仕事ですから」と割り切って仕事をする職場と、心を通じ合わせて仕事をする職場では、まったく雰囲気が違います。

以前、イエローハット創業者の鍵山秀三郎氏と、イエローハット本社で話をさせていただいた時も、まさに同じようなことをおっしゃっていました。鍵山氏は仕事のあり方についてこう話をされました。

「中野さん、学校で生徒の作品などを壁に貼る時、少し重ねて貼ることがありますよね。仕事も同じなんですよ。みんな少しずつ重なる部分が必要なのです。重なっていないと、『私の仕事』と『あなたの仕事』が繋がっていないんです」。

「これは仕事ですから」と割り切って仕事をする職場では、「これは私の仕事」「それはあなたの仕事」という意識が生まれてしまうのです。美恵先生は自らこのことを学び、実践していたのです。

教え子の子も教え子

和孝先生は「与える者は与えられる」というお話をよくされます。ウエジョビの職員とのエピソードを聞き、そのことを実感しました。

ウエジョビで学生として学び卒業し、そのままウエジョビに就職して働いてくれている職員がいるそうです。ある日、元ウエジョビ生徒だった職員の子どもが、大学受験で合格をした時です。すぐさま、お二人に「息子が大学に合格しました」と挨拶に来たそうです。ただ、話はそれだけではなかったのです。その職員は「ウエジョビのおかげで、息子が大学に合格した」というのです。

直接、その職員のお子さんをウエジョビで教えたこともないので、不思議に思って職員に話を聞くと、「私が子どもに伝えてきたこと、教えてきたことは、みな私がウエジョビで学んだことなんです。私を通して、息子はウエジョビで学びました。息子が大学に合格したのはウエジョビの教えのおかげなんです」といわれたそうです。思いもかけぬ職員の言葉に、お二人は目頭が熱くなったそうです。

与えようとしていなくても、与えられた方は十分にそれを感じて、感動という出来事で与え返してくれるのです。生徒が幸せであるために、職員が幸せになって欲しい。そして、職員の家族も幸せであって欲しいという想いが形となって現れたのです。

お二人のウエジョビはみんなファミリーという想いが、職員にも伝わり、一人の職員の喜びをみんなで喜びあえる関係になっているからこそ、感動エピソードが生まれたのです。

感動する出来事は、偶然起きるものではないのです。「起こるべきにして起きている」のです。

ウエジョビファミリーの感動エピソードは他にもありました。美恵先生が職員にお歳暮を贈った時のことです。お歳暮は、日頃お世話になった方々に感謝の気持ちを込め、贈り物をするものです。それを美恵先生は全職員に贈ったのです。しかも贈ったものは品物ではなく、お歳暮のカタログだったというのです。美恵先生は、職員がそのカタログを家に持ち帰り、家族みんなでカタログを囲みながら、何にするかと話している光景をワクワクしながら思い浮かべていたことでしょう。

どれほど職員が喜んだでしょう。そして職員のご家族の喜びもどれほど大きなものだったでしょうか。こんな嬉しいことをされたら、ウエジョビで仕事ができることを職員もご家族も誇りに思うに決まっています。私はこの話を聞いて、同じ学校経営者として頭が下がる思いでした。

学生が幸せであるためには、職員が幸せであって欲しい。そしてその職員を支えている家族も幸せであって欲しいという、美恵先生の想いの結晶が詰まったエピソードでした。

自分で決めたからこそ変われる

ウエジョビはたくさんの感動が生まれる学校だと、お二人の話を聞きながら思いました。

そして、その秘密はみんなが真剣に行動しているからこそ、大きな感動が生まれるのです。「この学校で自分を変えたい」。そう決意しながらウエジョビに来る学生も多いと聞きます。美恵先生に、こんな話を聞きました。

その女子学生は、短大を卒業し、ウエジョビに入学したそうです。家族のこと、友達のこと、自分のことなどで精神的に不安定な状態が続き、この先どうするか悩んでいたそうです。だからこそ、人間教育で有名なウエジョビの門を叩いたのでしょう。きっと、多くの先生がこの生徒を心配していたことと思います。一年間、多くの教師が支え指導し、大切に育てていきました。女子学生はウエジョビで生き方を学び続けたのです。

だから彼女は変わりました。決して人前で自分の考えを伝えるような学生ではなかったのです。その彼女が、なんと毎年2月に全校生徒の前で行われている発表会、「ウエジョビの主張」に出ると言い出したのです。そして、彼女は五分間、大きなホールで、そして大勢の前で発表をしたそうです。

「私は、悩み、苦しんできました。でもこのウエジョビで生まれ変わりました」と堂々と。

この年の「ウエジョビの主張」は彼女が最優秀賞に選ばれました。美恵先生はすぐに彼女に駆け寄り思わず彼女を抱きしめました。入学した当時からの彼女の成長を見てきた美恵先生です。その目には涙が溢れていました。

彼女は1年で生まれ変わりました。自分を変えたいという強い想いでウエジョビにきた彼女です。自分で決めたからこそ、大きく変われたのです。彼女の変化は心だけではなく、顔つきまで変わってきたといいます。その年の卒業パーティでも、彼女は中心的存在となって式をおおいに盛り上げたそうです。

ある年には、緊張するとうまく話すことができないN君という男子生徒がいたそうです。とても真面目な学生でした。公務員試験の一次は受かったのですが、二次の面接では緊張してうまく喋れなかったそうです。案の定、二次で不合格となってしまいました。

彼はある後悔をしていました。一年目に彼は、『比田井塾』に入ろうかと迷ったそうです。この『比田井塾』は、希望した学生なら誰でも入れます。和孝先生の話を聞くのはもちろん、人前で大声を出し笑顔でどんどんしゃべらなければならない、そんな塾です。彼は楽しそうな『比田井塾』に興味があったのですが、しゃべるのがうまくない自分には無理だと思い、入るのをやめてしまったのです。

採用試験に落ちた翌年。彼は再びウエジョビに入学してきました。すると、その年はすぐさま「僕を比田井塾に入れてください！」と志願してきました。

その姿に和孝先生は、「彼の変わりたいという強い覚悟を感じた」そうです。誰もが一日見てそう感じるほどの想いが溢れていたのでしょう。彼は不器用ながら必死にみんなと一緒に『比田井塾』の授業に食らいついてきたそうです。

そして、ウエジョビに我武者羅應援團さんが来てくれた時のことです。我武者羅應援團さんはテレビ番組やCMでも活躍する、社会人が構成したプロの応援パフォーマンス集団です。実は和孝先生と以前から交流があり、忙しいスケジュールを縫ってウエジョビの学生の応援のためにたびたび長野まで来てくれるのです。

だから、我武者羅應援團さんが学生を応援してくれたときに、『比田井塾』では、逆応援として学生が彼らを応援するのが恒例となっていました。本気の我武者羅應援團さんの応援はとんでもない迫力。それに応えるにはそれと同じくらいか、それ以上の大声援が必要です。

その年の逆応援団を結成するとき、誰もが躊躇する中、なんとN君がリーダーに立候補したそうです。このとき和孝先生は、正直なところ心配でした。みんなの前で大きな声を出すとき、彼が失敗をして自信を失うのではないかと。

しかし、彼は見事に逆応援団のリーダーをやり遂げました。それは、我武者羅應援團さんも驚くくらいのみごとな応援でした。そして彼が応援を完遂したとき、和孝先生は胸が詰まって涙を溢れさせながら「よくやった！」と拍手をしたそうです。実は、居ても立ってもいられなくなった和孝先生は、彼が言葉に詰まりそうになると、一呼吸おいてそれを振り払うかのように大きな声で、N君を応援してサポートしていたのです。

彼はその年、見事に公務員試験に合格しました。「去年の面接は自分をよく見てもらおうと、すごく緊張していた。でも今年の面接は面接官と楽しく話せた」と自信に満ちた顔で報告に来てくれました。

彼にとってこの『比田井塾』での一年は、人生の中でも忘れることができない経験になったことは間違いありません。

子どもたちは、信頼できる大人の中では自分の欠点もさらけだすのです。素直になった彼らは、今度は必死で変わろうとしていくのです。

人は必ず成長し、変わっていけるものです。それは、自ら成長しようと思う強い気持ちと、それを静かに傍らで見守る大人の支え、どちらが欠けても難しいものだと思います。

学力をつけさせる。テクニックを教える。それだけでは学生は変わりません。自然と自分を変えたいと思える環境を創り、学生の意欲を育てていくことが大切だということをウエジョビの教育方針に教わりました。

「絶え間なく楽しく教育の研究を」

村瀬　登志夫　先生

村瀬　登志夫（むらせ　としお）

１９４９年生まれ、岐阜県出身。元多治見市教育長、現公益財団法人多治見市文化振興事業団理事長。

岐阜大学教育学部物理科卒業。専門は理科教育。岐阜県内小・中学校教諭19年、多治見市教委・岐阜県教委８年、中学校教頭２年・中学校校長５年の勤務を経て、２００６年度から7年半、多治見市教育委員会教育長に着任。理科教育はもとより、国語教育、英語教育、さらに幼稚園教育と広くかかわりを持つ。

著書に、『生き方が変わる、心のサプリメント１０１錠』（ごま書房新社）、『いきいき遊び30選』（監修・日本標準）ほか多数。

その行動に立場や距離は関係ない

人と人は、その出会いの目的が一致する人同士の場合、引かれあうことが多々あります。「もっとたくさんのことを学びたい」「もっと大きな活動をしたい」など、その目的は様々です。不思議なことに強く願っていると、それを叶えるヒントをくれたり手伝ってくれる方が目の前に現れるものです。だからこそ、「自分には無理だ」「どうせ叶わない」とあきらめずに常に高い志を持ち続け、それに向けた努力を続けるべきだと思います。

また、自分磨きをしていくことで、気がつくとその高い目標での出会いが訪れます。同じ意識を持った人たちと出会うことができるのです。その結果、気の持ちようひとつで未来も大きく左右していくのです。

村瀬先生との出会いもそうでした。名古屋での会合に参加した私ですが、その会合になんと、当時多治見市の教育長であり、その発言は教育関係者の間ではすぐに噂になるという、あの村瀬先生がおられたのです。

私はすぐにご挨拶をして、主宰する『やまびこ会』の話を無我夢中で伝えました。そしてご挨拶代わりに、「よかったら、村瀬先生もご寄稿していただけますか」とお願いをしてみました。すると、教育長という立場でありながら、村瀬先生は即答で「わかりました。私で良ければ」とご快諾してくれました。たった今しがた出会った、まだ見知らぬ教員の依頼に、さらには、まだ『ＹＰＣ』誌を見てもらっていない状況にも関わらずです。「立場や距離は関係ない、想いのある活動に参加する」という気持ちを村瀬先生から感じました。

その当時、教育行政の仕事に携わっていた私は同じ地区の教育長を見ていました。その仕事量の多さを身近に感じているだけに、同じ教育長の村瀬先生も時間的に、また精神的にたいへん忙しい日々を過ごしていたと思います。

その忙しさのなか、『ＹＰＣ』誌の原稿を書き、その後9年間も寄稿し続けてくれているのです。『やまびこ会』のメンバーにもその衝撃はかなりのもので、「あの村瀬先生が執筆される！」と大きな話題になりました。そしてその重き言葉より、私たち教育関係者は毎号学びを受け続けました。

また、同時に村瀬先生はご自身の発言集、『生き方サプリメント１０１錠』という無料の小冊子（3部作）を発行され続けていました。それも、印刷代や発送など全て村瀬先生がご負担されていてのことです。その累計発行部数は、なんと15万部を超えているということを聞いて本当に驚きました。

それだけの反響を世間が放っておくわけがありません。その後、お知り合いだった名古屋の志賀内泰弘氏が、村瀬先生と本書の版元であるごま書房新社さんとのご縁を繋ぎ、この小冊子をまとめた書籍『生き方が変わる、心のサプリメント１０１錠』が２０１３年に全国出版されることになりました。

子どもと教員の未来のために

ある時、村瀬先生に小冊子を発行する理由をお聞きしたことがあります。「全ては子どもの未来、教育の発展のためです」と村瀬先生は笑顔で答えてくれました。私は、それを聞いて背筋に衝撃が走りました。そう、「似ている」のです。村瀬先生に私の師であった山田先生の姿が重なったのです。同時に、「これから村瀬先生についていこう」と本気で思いました。

それにしても、この活力はどこから湧き出てくるのかと考えました。それは、きっと村瀬先生も教師という仕事が大好きだったからだと思います。「子どもや教員の未来のため」

というワクワクするような理由、目的だったからこそ、印刷代や忙しい中の発送作業も苦にならなかったのではないでしょうか。子どもたちを大切にし、教職員のことを常に考え、教師、校長、教育長を歴任してきた村瀬先生だからこその活力だったのだと思います。

ある日、村瀬先生から連絡が入りました。私の著書『熱血先生が号泣した！　学校で生まれた〝ココロの架け橋〟』をすぐ送ってほしいとの内容でした。「1冊見本で送りますよ」と返事をしたのですが、「いや、それじゃ足りない。何冊も送ってほしい」とのことです。理由をお聞きすると、なんと、「市内の校長会で校長先生方全員に渡したい」というのです。この本は生徒と私との出会いや別れのストーリーを書いたものですが、「教育に役立つ本だから、市内すべての校長先生方に渡したい」と言ってくれたのです。「村瀬先生に認められたんだ」と嬉しくて涙が出てきました。また同時に、村瀬先生が市内の教育者のことを強く想う気持ちをひしひしと感じました。

また、村瀬先生は、毎年秋に一泊で開催している『あしがら学び塾』にも大きな貢献をしていただきました。「第1回あしがら学び塾」開催の際、「仕事で参加できないので、みなさんにプレゼントしてあげてください」と、『生き方サプリメント101錠』の小冊子をたくさん送ってくれました。先着で配布したのですが、あっという間に品切れとなりました。

忙しくとも、距離があっても、心は届けられることを学ばせていただきました。村瀬先生は人の心を大切にしています。だからこそ、多くの方が村瀬先生のもとに集まり、また村瀬先生から新しい活動がどんどん生まれるのです。心あるところに人が集まり、活動が生まれるのです。

教育長として仕事をされている期間も、大変な苦労があったはずです。しかし、村瀬先生はその苦労話を一つもしないのです。たいがいの人は、自分の苦労話や手柄話をよくするものです。特に年齢を重ねれば重ねるほど、自分のことを中心に過去を懐かしく話すものです。

でも村瀬先生は、自分のことより周りの人のことをよく話されます。その姿勢からも周りの方に感謝しながら日々生活をされていることがよくわかります。

運命が選んだ教員という職業

村瀬先生は大学受験の時には、まだ教員になろうというはっきりとした目標はありませんでした。いくつかの大学を受験し、合格した大学によって将来の仕事を決めていこうとしていたのです。そして合格した大学の学部が教育学部だったのです。この学部への入学が決まった時に初めて、「自分は教員になる運命なんだな」と思ったといわれます。

私たちは「もし」という言葉をよく口にします。「もし、あの時・・・」「もし、あの場所で・・・」など、人生を左右する時に、よく思うものです。

村瀬先生も「もし、違う学部に入学していたら」人生は変わっていたかもしれません。でも、この「もし」という言葉を使いたくなる場面は「偶然起きたこと」ではなく「導かれてその道を自ら選んでいったこと」だとも考えられることが多くないでしょうか。

実は自分で意識しているとは思わなくても、無意識という意識が「自分はこれをやってみたい！」という、心の中では既に決めている道を選ばせているものです。


村瀬先生の父親も教員でした。当時41歳という若さで校長になり、学校経営をされていました。その父親の忙しすぎる生活を見ていた村瀬先生は、自分は教員になりたいとは思わなかったといいます。

その一方で、生徒や教職員のことを想い、日々生活をしている父親の姿も見てきました。子どものころから教員としての姿が、尊敬する一人の大人として村瀬先生の心の中に焼き付いていたのです。そうやって無意識のうちに、在るべき教師像が村瀬先生の心の中に育っていったのです。

小学校のころから理科が好きだった村瀬先生は、中学校に入ると自宅で化学実験をするまでになっていました。夜中、自分の部屋でアルコールランプに点火し、葉脈標本を作っていました。

大学卒業後、村瀬先生は小学校の教員になりました。9年間小学校に勤務した時、岐阜県教育委員会の管轄である県教育センターで3ヶ月間ほど、理科研修という内地留学の機会を得たのです。

この研修はこれからの理科教員としての基礎となったというほど、村瀬先生には貴重な研修でした。その後、中学校の理科の教員として教壇に立ったのです。実験教具を多数自作し、授業に使いました。自宅倉庫は、集めたものや自作した教材教具がいっぱいとなりました。

好きな理科という教科を子どもたちと楽しく、また子どもたちに興味を持たせながら授業をしていた村瀬先生の姿が想像できます。理科が好き、なにより元気に笑う子どもたちが好き、そんな村瀬先生の教員生活だったと思います。

この時以来、退職するまで中学校での勤務となったのです。教員として理科を教え続けてきた村瀬先生は、中学校で教頭となり、そして校長としての仕事へと立場を変えていきました。

そして57歳を迎えた時、村瀬先生は多治見市の教育長になりました。多治見市のすべての教育と子どもを見る立場になったのです。学校教育だけではなく、社会教育をも含め、多治見市の教育を総括していったのです。でも、やはりその根底にあるのは理科教員の自分のままで、「子どもたちの笑顔を見るため」という想いで仕事を続けていったのです。

子どもの生活は学校だけではありません。村瀬先生は岐阜県教育委員会の生涯学習課に2年間勤務して社会教育に関わり、それを強く感じたそうです。子どもたちの教育は学校教育だけではない、社会教育も子どもたちに影響を与えている、子どもたちは社会の中で育てられているのです。

教員は、子どもを学校だけで育てていると思いがちだが、そうではなかったと実感したのです。家庭はもとより、社会の様々な仕組みの中で子どもは教育され、育てられている。そこをよくしていかなければ教育の発展はないと考えたのです。

村瀬先生の教育観はさらに広がりました。今では森信三氏を顕彰する「実践人」京都研修会に参加し、村瀬先生は始めや終わりの行事まで担当しているそうです。子どもの笑顔を守るために、村瀬先生はさらに深く教育に携わっています。

本来悪い子なんていない

村瀬先生が小学校勤務をしていた時のことです。小学一年生を担任した時、クラスにいた児童で、遊ぶことが大好きな子どもがいました。ある日、その子が、「僕は、村瀬先生をめざしているよ」といってきたそうです。まだ7歳の子どもです。それほど村瀬先生は子どもたちに影響を与えていたのです。

子どもが村瀬先生のことを大好きなのはもちろんですが、7歳の子どもが「村瀬先生をめざしているよ」と発言するには、間違いなく、保護者の想いもあるはずです。保護者も村瀬先生のことが大好きで、子どもを安心して学校に送り出していたのでしょう。

その子どもは、大人になり教員の仕事をしているといいます。7歳の時に担任の村瀬先生から刺激を受け、20年近くその夢を持ち続け教師になったのです。教師は子どもの人生を左右するほど、大きな影響を与えることがあるのです。

中学校に勤務しても村瀬先生は子どもたちによき影響を与えていました。思春期真っ盛りの中学生たちは村瀬先生を心の奥から尊敬していたのです。

指導してもなかなか聞き入れないやんちゃな子がいましたが、あきらめずに熱心に指導を続けてきたそうです。

思春期の子どもは、自分のことを気にかけてほしいのです。「うるせー」などと言いながらも嬉しいのです。村瀬先生はそんな生徒を何人も指導してきました。

そんな村瀬先生でも手を焼いた生徒がいました。さすがに「今回はダメか」と思ったこともあったそうです。でも時折見せる態度や表情より、「本当は優しい子なんだ」と知っている村瀬先生は、熱意をもって指導を続けたそうです。

その生徒が中学校を卒業したある日、電車で1時間以上かかる村瀬先生の自宅を訪ねてきたといいます。その生徒は卒業してもずっと村瀬先生のことを忘れずにいたのでしょう。学校に訪ねてくるのではなく、村瀬先生の自宅に訪ねてきたことから、どれほど村瀬先生を慕い、そして信頼していたのかがわかります。

やんちゃな生徒との関わりは他にもありました。その生徒は興奮しがちな性格でした。指導をしている中で、何度か怒鳴りあう場面になったといいます。村瀬先生が真剣に生徒と向き合った瞬間です。「目の前の生徒は、このままではダメになってしまう、このままではいけないんだ」と心の中で叫んでいたのでしょう。この時ばかりは、真剣に怒鳴りあったそうです。

卒業して数年たち、その生徒から村瀬先生に手紙が届けられました。その手紙には「村瀬先生に出会わなかったら、僕は今頃どうなっていたかわかりませんでした。ありがとうございました」と書かれていたそうです。

本来悪い子なんていないのです。悪い環境や悪い影響があったから、心がすさんでしまう時期があるだけなのです。

「だからこそ教員は心の交流を大事にしなければならない」と村瀬先生は言います。人は心が動かなければ、変わりたくとも変われないのです。「叱られるから、やめる」「罰をもらうのが嫌だから、やらない」という指導では人は変わらないのです。

人が人を変えていくには、こちらも真剣に関わることが必要です。そこに子どもの心を開くヒントが隠されています。

父親から学んだ教員のあるべき姿

そんな村瀬先生の姿は、村瀬先生の父親に強い影響があったようです。村瀬先生の父親は41歳で校長になり教職員とともに学校経営を進めてきた方です。村瀬先生が教員になった年に定年を迎え退職されたので、親子で教員としての立場で話すことはなかったのです。村瀬先生に父親の実際の教員生活を知る機会はあまりありませんでした。

子どもの頃、村瀬先生の目に映っていた教員という仕事は、自宅で一週間の予定が書かれた週案簿をじっと見ている姿、休みの日でも学校へ行く忙しい姿でした。

村瀬先生が教員になって参加したある会合で、多くの先生方や父親の教え子たちが教員時代の父親の話をしてくれました。

教員としての父親は、秋分の日などには校外活動で子どもたちを集めて、太陽の登る位置、沈む位置、そしてこれから太陽はどのように動いていくのかなど、実際に空を見上げさせながら具体的に話をされていたといいます。村瀬先生は、大人になって初めて知る父親の熱心な教員時代の話を聞いて驚いたといいます。

「校長（父親）は校舎内の修繕を進んでやっていましたよ」という話も聞きました。その想いは、校長として壊れている校舎を子どもたちに見せたくはなかったのでしょう。その姿に気づいていた教職員も多く、校長はみんなに慕われていたのです。だから、こうして息子の村瀬先生に話をしてくれたのです。

父親が校長として勤めていた学校が火事で燃えたことがありました。そのとき、駆けつけてくれた方々一人ひとりに頭を深々と下げ、お礼を言い続けていたといいます。すると、その姿を見ていた卒業生が、「ごめんなさい、自分が火をつけました」と申し出てきたそうです。必死な校長の姿に心を打たれたのは、駆けつけてくれた方々だけではなく、火をつけてしまった子どもの心も動かしたのです。

村瀬先生は、自分が知らなかった父親の誠意と熱意を持った教員時代の姿をたくさんの方から聞くことができました。一緒には教員生活を送れなかった親子ですが、その教員生活の様子を多くの方から聞くことで、教員としての父親像が鮮明に見えてきたのです。そして、その姿は村瀬先生の教員生活に大きな影響を与えたのです。

自分のことより、周りの方のことを考えていくという村瀬先生の姿は、実は自分の父親と同じ姿でもあったのです。

覚えたら実践する

村瀬先生は大変多くの方々との出会いをされています。なかでも教育者としてペスタロッチ賞を受賞している、東井義雄氏とも教員時代に出会い大きな影響をうけました。

東井氏が多治見市に来て講演をされた時のことです。その講演の中で東井氏が「一生懸命に生きている、というのなら、ミミズだって一生懸命に生きている」と言われた言葉が今でも心に残っているそうです。「そう、ミミズですら一生懸命。自分だけ一生懸命なのではない」という言葉に、村瀬先生の謙虚さの根源を感じます。

またその後、東井氏が書かれた『村を育てる学力』（明治図書）をすぐに読み、この本にも大きな影響を受けました。但馬の山村で戦前から長年、農業がふるわない村があったそうです。その解決策とはなんと「書くこと」だったそうです。書き続けることはそれほど影響を与えるということだということです。

村瀬先生はとにかく書くことが上手です。著書出版を始め、『生き方サプリメント　101錠』を第3集まで書き続けたり、『ＹＰＣ』誌への寄稿を続けていただいているのも、この本の影響かもしれないなと思いました。

村瀬先生は教員になっても大変勉強熱心でした。教員5年目の小学校に勤務していた頃のことです。宮城教育大学教授である高橋金三郎氏と出会いました。夏の研究集会に地元の方から誘いがあり、青森市で行われた「極地方式研究会」という会に参加しました。3泊4日の合宿制の研究会だったので、その4日間は研究づくめだったといいます。

でも村瀬先生はその研究会で、自分の実践発表をする時以外は発言できなかったというのです。それは、参加者の発表・報告のレベルの高さについていけなかったからです。曲がりなりにも理科が分かっていると思い込んでいた自分が、情けなくなったそうです。ある先生が「めしべの先はねちゃねちゃしていて・・・」と発表されても、村瀬先生はそんなこと見たことも聞いたことも学習したこともなかったのです。教員5年目の村瀬先生は大きなショックを受けたそうです。

新たな出会いはご縁だけでなく、刺激を運んでくれました。村瀬先生はショックを受けたにも関わらず、その後10年以上もこの研究会に熱心に参加したのです。

だからこそ、宮城教育大学に1週間の内地留学もしました。その間、村瀬先生は様々な学びをしました。元宮城教育大学教授であり教育者である斉藤喜博氏の授業テープを何本も視聴したそうです。合唱指導の実践や、全校集会の進め方も見てきました。見るもの、聞くものすべてを学びとしていたのです。

留学先の夜には、教員が集まって実践記録を持ち寄り討論します。自ら学びの場に身を投じる教員とそうでない教員とでは、のちに力量に大きな差が生まれてくることを実感したそうです。

村瀬先生は、内地留学を終えて勤務している小学校に戻った時、さっそく周りの教員を誘って毎週勉強会を開きました。授業実践の交流を行うだけでなく、参加者で自作の道徳資料集も作成してとても役立ったといいます。「これからは、自分の周りにも勉強できる環境を作ってみんなで高め合おう」そう想っての行動だったのです。

「その時その時の判断が未来を創り上げてきた」

池田　真実　先生

池田　真実（いけだ　まさみ）

１９６１年生まれ、鹿児島県出身。鹿児島市西別府町の小中高一貫校、学校法人池田学園副理事長、昭和60年池田教育ゼミナールで受験生の指導に当たる。昭和61年学校法人池田学園池田中学校創設（塾が設立した最初の学校）。平成３年学校法人池田学園高等学校設立。平成7年に池田小学校設立。鹿児島ロータリークラブ会員。創立者である父の代から共に歩んだ教育への熱意、生徒への想いは副理事長という立場になっても変わることはなく、生徒・保護者からも絶大な信頼を得ている。池田学園からは東大を初め、難関大学への合格者を毎年多数輩出。文部科学省より、ＳＳＨ（スーパー・サイエンス・ハイスクール）に指定され、様々な特色ある教育も実践中。

・池田学園　http://ikeda-gakuen.ed.jp

出会いに距離は関係ない

ある日のこと、東名高速道路を運転していると、私のカバンの中に入れてあった携帯電話から着信音が聞こえてきました。

発信者は名古屋にお住いの作家・コラムニストの志賀内泰弘氏からでした。志賀内氏からの連絡はいつもご縁を運んでくれますので、「なにごとか！」と思い、すぐに次のパーキングエリアに車を入れ電話をかけました。

電話口からは、「中野先生、突然電話しちゃったけど大丈夫?」という元気な志賀内氏の声。私は、「はい、全く問題ありませんよ！」と答えました。志賀内氏は、「今度、○月○日に、私が紹介したい人たちが集まる会をするから名古屋に来ませんか？　鹿児島からも来る人がいるから。とにかく会って欲しいんです」というのです。

その日は、偶然にも私が三重県で『第二回あこがれ先生プロジェクト』に登壇する前日だったのです。三重県に行くには名古屋を通りますし、当初より前泊しようとしていただけに、神様が「出会いなさい」と言っているようにさえ感じました。私は迷わず、「行かせてください、名古屋のどこに行けばよろしいのでしょうかね！」と答えていました。

志賀内氏とは会う機会は少ないのですが、いつも興味を持たされる魅力的で不思議な方だと感じています。人は、会う回数の多さだけで心が通じ合うのではない、ということを志賀内氏から教えていただいた気がします。志賀内氏と初対面の時も、瞬間にして親しくなりもう何十年も一緒に話をしている感じさえしました。

実は3冊目の著書『熱血先生が号泣した！　学校で生まれた〝ココロの架け橋〟』も志賀内氏からのご縁でごま書房新社さんを紹介していただき出版したのですが、その時も突然のお電話でした。「中野先生、本出す予定あります？」この一言に私は、「はい、すぐ出したいです！」と答えると、その後トントン拍子で出版に至りました。あの時電話に出ていなかったら、あの本は生まれなかったかもしれません。

とにかく志賀内氏のお電話はいつも急ながら、素晴らしいご縁を運んでくれるのです。今回もそんな雰囲気を感じてワクワクしていました。当日、名古屋駅近辺にある集合場所の喫茶店に入りました。

手を振る志賀内氏。その周りには、何人かの方も座っていました。初対面でしたので一人一人が自己紹介をしたのですが、「この方々の繋がりはいったいなんだろう？？」と思えるほど業種がちがう方々なのです。

後日お聞きしたのですが、この会の名前は『賢人会議』といって、異業種の方が年に1回集まる機会とのことです。志賀内氏は、「『賢人会議』と言いますが、人は変人会議、奇人会議ともいいますよ」と笑いながら教えてくれました。最初は教育関係者が多かったのですが、今は作家、僧侶、経営コンサルタント、建築関係、運搬関係など、まさに異業種の方々が集まるようになったといいます。

この席で池田真実先生と出会いました。池田先生は、なんと鹿児島県から『賢人会議』のために来られたそうです。池田先生も「神奈川のおもしろい校長先生がいるから会わせたい」と呼ばれてこの会にきたそうです。そうです、志賀内氏が私に会わせたいと言われた方がまさに池田先生だったのです。志賀内氏からの一本の電話で神奈川と鹿児島の人間が繋がりました。

池田先生は鹿児島県の池田学園という小・中・高一貫校の副理事長をされていました。そんな大変お忙しい中、鹿児島から名古屋に来られたのです。やはり成功される方は行動力があります。池田先生は、『やまびこ会』のことや、私が毎月発行している個人通信『かけはし』のことも知っていました。志賀内氏が事前に池田先生に伝えておいてくれたのです。志賀内氏は初対面でも困らないようにこういった心遣いをしてくれます。だから初めて会っても話が弾むのです。話が弾むと自然と心も打ちとけるのに時間がかかりません。志賀内氏はそこまで考えて人と人を繋げてくれるのです。

出会いとは不思議なものです。同じ市内に住んでいても出会えない方、まったく違う場所に住んでいても出会える方がいます。もともと出会いとは、距離には関係ないものかもしれません。

以前、兵庫県豊岡市にある東井義雄記念館に行った時、その記念館の中に相田みつを氏の手紙が展示されていました。東井義雄氏は１９１２年兵庫県但東町（現在の地名）で生まれています。相田みつお氏は１９２４年栃木県足利市で生まれています。兵庫県と栃木県という距離にも関わらず、この二人が出会って手紙のやり取りをしていたのです。現在のように便利な交通手段やインターネットがあるわけでもない中で、東井義雄氏と相田みつを氏は出会えたという奇跡に近いことが起きているのです。

人と人の出会いはまさに神様が仕組んだ素敵なプレゼントなのかもしれません。そしてこの神様からのプレゼントの出会いには必ず意味があるのだと思います。

小さな塾から小・中・高一貫校を創り上げる

池田先生が副理事長をしている池田学園は、もともとは小学生が数名集まるくらいの学習塾だったそうです。それを池田先生の父親が小学校・中学校・高等学校の一貫教育をする学校までに創り上げたのです。そこには保護者からの絶対の信頼がありました。

昔、池田先生の父親のもとに、子どもたちが勉強を教わりに来ていたそうです。池田先生の父親の指導法は抜群の成果が出たそうで、口コミで噂が広がり毎年子どもたちが集まってきました。

ある年、その生徒の中から2名が、当時から受験難関校と言われた「ラ・サール中学校」へ入学しました。するとその話はすぐに噂で広まり、優秀な生徒が集まってきました。翌年には10名の生徒が入塾し、なんとその10名全員が「ラ・サール中学校」へ合格します。

池田先生の父親はもともと受験のプロではありませんでした。当時は、公立の小学校に勤めており、自分の仕事を終えてから近所の子どもたちの勉強をみていたのです。それほど子どもが好きだったのでしょう。

そしてその子どもたちが望む中学校が「ラ・サール中学校」だったという理由で、そこに入れようと指導したところ全員が合格してしまったそうなのです。こんな父親の話を聞き、池田先生の子どもへの教育の熱心さは、父親から繋がっているのだとわかりました。

池田先生の父親は、子どもたちへ心を込めて指導していく中で、今の仕事を続けるべきか、子どもたちへの指導を中心にすべきか、迷い、悩み、そして決断をしたのです。仕事を辞め、目の前にいる子どもたちのために勉強を教えることにしました。養うべき家族もいる中でそれは大変な決断だったと思います。

でも、この決断がなければ今の池田学園は存在しなかったのです。言い方を変えれば、この決断をした時に、池田学園誕生の種が蒔かれたということです。子どもたちへの情熱が池田先生の人生を変えていったのです。

人生という道は、常に分かれ道の連続です。大きな分かれ道もあり、小さな分かれ道もあります。その分かれ道を私たちは、今までの経験とこれから起きることを予想し、道を選び歩んでいます。

しかし時として、その判断は過去の経験と未来を予想する判断ではなく、もっと根本的なことで判断をすることがあります。それは「好き」か「嫌い」か、「してみたい」か「してみたくない」かです。そして、実はこの判断が人生で一番正しい結果になることが多いそうです。

池田先生の父親は、安定していた仕事を辞め、個人で塾を始めるという道を選んだのです。きっとその判断の理由は、ただただ「子どもが好き」「子どもたちの夢のために」という根本的な想いが心を動かしたのでしょう。それが正解だったかは、地域に信頼される小・中・高一貫校の設立という結果が示していると思います。

そして、そんな父親を息子である池田先生は傍らでずっと見てきました。きっと父親は平日休日問わず、ほとんど休みなく働いていたので寂しかったことでしょう。

それでも素直に育って、さらに父親のお手伝いをずっと続けてこられた理由は、池田家は本当に子どもや教育が好きな血筋だからでしょう。そのことは、実際に池田先生とお会いして、その溢れるほどの教育熱心さを聞いてとてもよくわかりました。やはり血は争えないものなのです。

池田先生の父親は今までの仕事を辞め、池田ゼミナールという学習塾を本格的に始めました。その時、多くの保護者の応援がありました。まだ名もなき池田先生の父親の塾へ子どもを通わせていた親御さんたちです。受験に合格した親御さんはもちろん、例え合格しなくとも、池田先生の父親が仕事の傍らに親身に教えてくれた恩は親御さんたちの心にずっと残ります。応援してくれる方々がいたからこそ、新たな一歩に迷いなく踏み出せたのです。しかし、応援してくれる方が突然現れることはありません。今まで歩んできた人生の中で、どれだけ信頼されてきたかが、いざとなった時に示されるのです。今の自分の姿は、今までの姿を映しだすものなのです。

信頼されてきたのは池田先生の父親だけではありません。そんな父親を支えていた家族みんなも同じように信頼されていました。

生徒が増えはじめてきた頃、学習塾から「そろそろ本格的に学校にしたらどうか？」という声が出てきました。その声は現実的になり、保護者を初め多くの方々の応援で昭和61年に中学校を設立したのです。この当時、学習塾をもとにした学校の設立の例はなく、その第一号が池田学園となりました。

これは池田先生の父親のこれまでの活動があったからこその結果です。学校を創立するというのはお金や立地という建てる問題だけではなく、それ以上に地域住民の理解や応援が必要です。なぜなら学校運営にはそこに通う生徒が一番大切だからです。

人生は、一つ一つのことに一生懸命取り組んでいくことの積み重ねです。その積み重ねが未来への階段を作り上げていくのではないでしょうか。

中学校の設立を果たすと、次は高等学校の設立へと動き出しました。「池田中学校で学んだ素晴らしい中学教育を高校まで続けて受けさせたい！」という親御さんが増え始めたのです。

そして、「設立時に入学した生徒が卒業する時までに」という夢は叶いませんでしたが、平成3年には、みごと高等学校設立の申請の許可が降りました。この申請には卒業生の生徒の親まで含め、多くの方が応援をしてくれました。

池田学園は、「これまでの既成概念にとらわれず、常に新しい教育を模索していこう」という教育理念に基づき始まりました。「既存の学校にはない、新しい教育」という難しいテーマを掲げ、模索の末、中学校・高等学校の創立に繋がっていったのです。

さらに夢は膨らみます。次はさらに低学年からの教育、つまり小学校の設立です。そして、平成7年にその夢も叶いました。こうして池田学園では、小学校・中学校・高等学校という12年間の一貫教育が始まったのです。

池田先生は教員として、ずっと父親と一緒にこの学園の発展をサポートしてきたそうです。そして、現在はこの学園の副理事長として活動をしています。全ては「子どもが好き」「子どもたちの夢のために」という池田家の根本的な想いのために。

強い想いは強い絆を育てる

池田先生からある生徒に起きた奇跡の話を聞きました。池田教育ゼミナール時代の6年生のあるクラスに優秀な生徒がいました。模擬試験でも判定は一番良かった生徒です。その生徒が中学受験で受験校を落ちてしまったのです。親も本人もショックでした。「池田先生ごめんなさい、不合格でした」という電話は、泣きながらものだったといいます。

でも責任感の強い池田先生は、その生徒と親御さんの辛い気持ちを察して涙したでしょう。その彼と親御さんからは、感謝こそされ文句は一つもありませんでした。それは、池田先生が必死に指導してくれていたことを感じていたからでしょう。そこには受験の合否以上に大切な関係性が生まれていたのだと思います。

しかし、奇跡が起きたのです。不合格であった彼が、欠員が出て追加合格になったのです。彼は1点足りずに不合格になっていたことが後になってわかりました。

実は彼には、幼いころから医師になりたいという夢がありました。一度は泣き崩れるほどの悔しさを味わった彼です。12歳で味わった挫折があったからこそ、その先の人生でどんな逆境にも負けず夢を叶えたのでしょう。今は医者として活躍している彼を見るたびにその当時を思い出すそうです。

また、池田先生からある保護者とのエピソードを聞き、涙が出てきました。

池田学園の前身、池田教育ゼミナールは30年ほど前には熊本校があったそうです。そこで4年間、池田先生は教鞭をとっていたのです。そして、4年間の赴任を終え鹿児島に帰る時のことです。

鹿児島に帰る日はみんなに話していましたが、電車の時間などは伝えずにいたそうです。当時は九州に新幹線も開通していない時代ですので夜行電車に乗ります。池田先生は深夜2時15分発の列車に乗りました。

出発する1分前の出来事です。池田先生が列車の席に着こうとした時です。「池田先生！」教え子とその母親の声がしたのです。まさかと思い、窓を開けて声のする方を見ると、そこに大きなバラの束を抱えた二人の姿があったのです。親子で池田先生に「お世話になりました。お元気で」と花束を持ってお礼に来たのです。

時刻は深夜2時。電車の時間も伝えていませんでしたから、ずっとどこかで待っていたのでしょうか。それほど池田先生は生徒にも保護者にも心から感謝されていたのです。

奇跡的に出発1分前に会えたのです。ほんの少しの会話しかできませんでした。でも、この光景を車掌さんは見ていたのでしょう。列車は1分ほど遅れて出発したそうです。池田先生は座席で花を抱えながら、万感の想いで涙したそうです。

熊本駅で深夜2時過ぎにこんなドラマが起きました。師から離れたくない。でもちゃんと「さよなら」を言わなくてはいけない。その想いに時間なんて関係なかったのでしょう。

池田先生は鹿児島に着くとすぐにその母親に手紙を書いたそうです。すると母親からもすぐに返信が来ました。その返信には次のような歌が書かれていました。

「バラ抱え　師の名よびつつ　走り来る　我が子を夜汽車は　待ちてくれており」

池田先生の子どもを想う強い気持ちが、多くの子どもを育ててきました。そして保護者も池田先生に強い感謝をしているのです。教育とは技術や方法だけではないのです。子どもへの深い想いが全てを動かしていくのです。それが池田先生と池田学園の教育なのです。

既成概念にとらわれない、池田学園の教育

池田学園では創立当初から、教員が一丸となって常に既成概念にとらわれない、様々な学習アイデアを教育に取り入れることを試みました。例えば、どこの学校でも卒業式の時

に作成する卒業アルバム。これを冊子ではなく、CD－ROMで作製しようといち早く決めたのです。

生徒たちが授業でパソコンの学習を始める時代になりました。「それならば、いっそそのパソコンを使って、自分たちで好きなように卒業アルバムを作ればいい」という斬新な思い付きでした。今では多くの学校で卒業アルバムや合唱コンクールの様子をCD－ROMで作成していますが、当時は画期的なことであり多くのマスコミが学園に取材に来たといいます。

さらに、授業での取り組みを学問としてだけでなく自分たちの作品にしていくことで、生徒たちは学ぶことが実生活や将来の仕事へと繋がっていくことを理解できるようになったのです。

授業の学び方も当時では画期的な方法を採用していました。学習する範囲の内容を生徒たちに事前に予習させてきて、授業では質問を多くさせるのです。生徒は、いやいや教師に教えられるという受け身ではなく、教師やクラスのみんなとの意見交換の場に参加するという姿勢に変わります。この授業形態を池田学園は早い時期から行っていたのです。塾で行っていた予習型の教育方法を学校にうまく取り入れたのです。

予習授業ではこんなお題を出したそうです。小学六年生の生徒に、「縄文時代と弥生時代、みんなが生活するとしたらどちらの時代がいいかな?」「どちらがより良いかを、次の授業までにいろいろと調べ、自分の考えでまとめてきてください」。

答えのない質問、正解のない問題ですが、子どもたちは真剣に調べ、自分だったらどちらの時代が良いのかを考えるのです。そして、縄文時代派と弥生時代派とで討論します。子どもたちは、相手側からの質問に対し負けないように「あーだ、こーだ」と、なんとなくグループになりながら徹底的に調べてきたそうです。

教科書を読みラインマーカーで線を引き、暗記していく学習ではないのです。小学校六年生の時点で、調べ学習、討論会、考えること、伝えること、学ぶこと、そして気づくことを楽しみながら徹底して身につけていたのです。こんな学習をしていたら、受験で難関大学への合格者が出てくるのも頷けます。

子どもも大人も、人は自ら動くことで学びが深まります。自習とは、自ら習うこと、自由とは自ら由（よし）とすること。どんなことも大切なことは「自ら」なのです。自ら動く時こそ、人は大きな気づきや学びができるのです。

このように池田学園では、学習の仕方からも人生のあるべき姿を教えているかのように感じます。能動的な学びがすでに池田学園では行われていたのです。

全ての子どもたちの学びの発展のために

池田先生も「与えるものは与えられる」という考えをよく話されます。その基は、聖書の言葉からのようです。また、相田みつを氏も著書『生きていてよかった』（ダイヤモンド社）で、「わけ合う」ことについて、次のような詩を残しています。

「わけ合えば」
うばい合えば足らぬ　わけ合えばあまる
うばい合えばあらそい　わけ合えばやすらぎ（以下略）

前述の志賀内氏も、これを「ギブ　アンド　ギブ」という言葉に置き変えて与えあうことの大切さを伝え広めています。こうして誰かに影響を与える多くの方々が、一番大切なことは、「与えること」であると口を揃えて伝えています。これは、周りの人が幸せでなければ、自分の幸せはないという想いと同じです。まず、周りの人を第一に考えられる生き方が最終的に自分を幸せにするのです。

池田学園でもこれを実践しています。ある時から、先進的な池田学園の教育が全国で話題となり、マスコミの取材もどんどん増えていきました。すると、池田先生の父親はその取材で池田学園の学習のノウハウをどんどん伝えていったのです。もちろん周りの方は、「学園長、全部教えてしまうと他で真似されてしまいますよ」と心配されたそうです。すると、「真似されたらまた新しいことを考えればいいんだよ。むしろ嬉しいことじゃないか」と笑って答えたそうです。

「伝統は、革新が育った姿」といわれます。過去には革新であったものが、それが長年続けられると伝統に変わるというのです。すべてのスタートは革新から始まっているのです。どれほど老舗のお店でも創業当時の味と全く変わらないのではなく、その時代に合わせて味を変えていくことが多いそうです。これは教育も例外ではありません。その時代や子どもたちに合わせて、常に斬新なアイデアで教育を行っていく。その革新が、伝統になっていくのです。だからこそ、「真似されたらまた新しいことを考えればいいんだよ」という池田先生の父親の言葉があるのです。

池田学園でうまく行ったことを真似してもらえば、全国の子どもたちの教育環境が良くなる。だからどんどん伝え与えていく。そして、与えることでまた新しいアイデアが湧き上がり、さらに池田学園は先進的な教育校となっていきます。それは与えた人に与えてくれる神様からのからのプレゼントなのかもしれません。

池田先生親子はずっとそれを実践してきたのです。その伝統は受け継がれ、今も池田学園は文部科学省より、ＳＳＨ（スーパー・サイエンス・ハイスクール）に指定されるほどの先進的な学習方法を続けられています。そして、マスコミの注目も続き、その発言により全国の子どもたちの教育環境に良い影響を与え続けているのです。

「優しく、気さくで実践的な熱血先生」

塩谷　隆治　先生

塩谷　隆治（しおや　たかはる）

1972年生まれ、北海道出身。三重県四日市市内部東小学校教師。高等学校の保健体育教師として15年勤務。2011年に教員を退職し、ココロの塾「笑華尊塾」を立ち上げる。「元氣アップ」をテーマとした講演・研修・講座を展開（2017年実績200本）。専門学校にも勤務し、発達障がいを含めコミュニケーションの苦手な学生たちの担任・就職を担当（就職決定率100％）。現在、不登校・ひきこもりの方の【学習支援・就労サポート】に力をいれるとともに、障がいのある方の生きがい・働き方についても研究を進める。また、薬物依存症のリハビリ施設「とかちダルク」の元氣アップサポーターとしても活動中。障がいがあろうとなかろうと、笑顔で暮らせる優しい社会を目指して、しあわせを連鎖させていくことを使命としている。2017年8月から、札幌市清田区のBliss Treeに拠点を移し、人間性を育む小中学生向けの学習塾もスタート。

著書に「童謡で絶対元気になれる！心揺さぶる童謡メンタルセラピーとは」（ユナイテッドブックス）

塩谷先生との出会い

２０１７年、横浜で喜多川泰氏の「親学塾」という勉強会が開催されました。この横浜開催が喜多川先生の最後の「親学塾」となりました（その後も名称を変えて続けられています）。

「親学塾」は数回にわたっておこなわれる連続参加の勉強会でした。参加者は毎回同じなので、当然ながら回を重ねるほど参加者の親密度もあがってきます。

その第一回目、開会ぎりぎりに会場に入った私は、入り口近くの１つ空いていた席に行き、「この席は空いていますか？」と、隣に座っていた方に確認しカバンを置きながら座りました。隣り合う縁ですから、その声をかけた方と短い挨拶をした後、名刺交換をしました。

その名刺の住所を見て驚きました。喜多川先生の話を聞きにわざわざ北海道から来ていた方なのです。喜多川先生の大ファンだそうで、自らも喜多川先生の講演会を企画するような方でした。

それ以来、その方と連絡を取るようになりました。ある日、私に届いたメールには「今日は塩谷先生のお話を聞きに行ってきました」との内容が書かれていました。

その名前に驚きました。横浜で行われた喜多川先生の親学塾で偶然、私の隣に座っていた方が、私の知り合いである塩谷先生と繋がっていたのです。私は、塩谷先生とはずいぶん前から知り合っていたことをメールで返信すると、その方も驚いていました。

今までの人生を振り返ると誰もが、不思議と人と人の繋がりに驚くことがあります。まさに出会うべきにして出会っているとしか思えないのです。


その塩谷先生と私との出会いは、トイレ掃除でした。愛知県の高校の教師が始めた『便教会』（教師によるトイレ掃除）という集まりがあります。この『便教会』は、イエローハットの創業者である鍵山秀三郎氏が相談役を務めている『日本を美しくする会』との繋がりもあり、日本全国で行われている会です。

以前私が、『NHKラジオ深夜便』のインタビューを受けた時、その中で『便教会』の話もしました。NHKの方が『便教会』という字を紹介する時、「便」は「郵便局の便」という字を書きます、と紹介されました。便所の「便」とは紹介しなかったのです。思わず苦笑いしたことを今でも覚えています。

この便教会が私と塩谷先生とを出会わせたのです。2010年にその全国大会が愛知県でおこなわれました。全国大会ですから全国から会員が集まりました。北海道から沖縄の方まで実践発表があり、とても大きな開催でした。その大会が終え、多くの人が打ち上げとしてカラオケがある居酒屋に行った時のことです。

私は一人で参加をしていました。大会で同じテーブルだった方からお誘いがあり、誘われるままに、打ち上げ会に行ったのです。そこには20人以上の方が参加していました。その会場に塩谷先生がいたのです。

席が近くだったのでなんとなく声を掛けたのですが、話し始めた瞬間から衝撃が走る感覚でした。一気に意気投合し盛り上がりました。とても気さくな方で、昔からの知り合いのようでした。この時、初めて名前を聞き北海道から来ていることを知りました。

塩谷先生とはその場でたくさんの話をしました。彼の言動から感じられる優しさや気さくさはどこからでてくるのだろうか、と不思議なくらいでした。その理由は今回改めて塩谷先生のお話を聞いてわかってきました。

二人には共通点があった

私は中学校の時、ソフトテニス部に入っていました。その時は夢中で練習をしていました。学期末の教育相談で学級担任の先生が私の母に「中野は学校にテニスをやりにきている」とまで言われるほど、テニスばかりしていました。

大好きなテニスでしたので、どんな練習も苦になりません。大会ではそれなりの賞を取ってきました。中学3年生の夏、中学校生活で最後の試合がありました。しかし、もう一回勝てば全国大会へ行けるという試合で惨敗しました。かなりのショックで毎晩思い出しては泣いていました。でもある時から、私が叶えられなかった全国大会出場の夢は、次の世代に託すことができると気がついたのです。そして、「大人になったら絶対教師になってテニス部の顧問をして生徒と一緒に夢を叶えたい」と思うようになっていったのです。

実は、塩谷先生も教師になった理由は、部活動でした。高校生に野球を教えたいとの思いで、高校教師になったと言います。私は大学で教職課程を学んでいる時、そして実際に教師になった時、「部活動をやりたいだけで教師になるのはあまりにも現実が見えていないかな」と思うこともありました。そして塩谷先生も教員になった一年目にこのことを実感したといいます。私と塩谷先生の共通点は、いわゆる教育困難校への着任でした。部活どころか、まずは勉強さえままならなかったのが現実でした。

「高校生に部活動でスポーツを教えたい」という想いだけでは、教員は務まらないと実感したのです。そんな軽い気持ちで教員になった自分が恥ずかしく思えたのです。それでも、私と塩谷先生は、生徒の前に立ち全力で想いを伝えながら仕事を続けてきました。かなりの回り道だったと思います。でも、そうやって生徒と接していくとたくさんの感動が生まれました。

さきほどの話ですが、塩谷先生と私がすぐに打ち解けた理由は、このような共通点があったからだと思います。さらに驚いたのは後日、塩谷先生から当日の心境を聞いた時です。塩谷先生は『便教会』の全国大会への参加を決めた時、ワクワクした気持ちとは裏腹に、実は緊張していたそうです。その緊張している塩谷先生に私が声をかけたのです。実はあの時、二人は同じ心情だったことがわかりました。私からはとても緊張しているようには見えず、たくさんの知り合いがいるようにさえ感じていましたが、実はそうではなかったのです。

初対面でありながら、『YPC』誌という機関紙を発行している活動について話をし、すぐに塩谷先生を誘いました。それほど、心が打ち解けていたのです。塩谷先生はその場で一緒に活動をしたいとの快諾をしてくれたのです。

『YPC』誌への北海道の方の参加は、塩谷先生が初めてでした。当時、塩谷先生は高校の教員、そして野球部の顧問でした。まさにドラマに出そうな熱血教師というイメージがピッタリでした。日々生徒と直接交わっている塩谷先生の原稿は、もちろん素晴らしいものでした。

想いは必ず届いている

塩谷先生が教師になって初めて担任したクラス。そのクラスにヤンチャな一人の男子生徒がいました。でもそのクラスが卒業する時、その生徒は卒業式にいませんでした。実は、彼は問題を起こし3年生の秋に退学をしたのです。卒業式までもうすぐのことでした。あと少しでクラスみんなが無事卒業できました。今まで、一生懸命に彼の事を指導してきた塩谷先生は自分を責めました。「自分の指導力がないから彼を卒業させる事ができなかった」。悔やんでも、悔やんでも彼は卒業式にはいなかったのです。彼の姿を見ぬまま、塩谷先生は卒業式の会場をあとにしました。

それから数年たったある日、塩谷先生の自宅に一通の封書が届きました。送り主の名は見覚えのある名前でした。そうです、卒業式を目前にひかえた秋に問題を起こし、退学した彼からだったのです。

その封書を開けると、中には結婚式の案内状が入っていました。彼の結婚式に招待されたのです。「自分のせいで彼を卒業させられなかった」とずっと思っていた塩谷先生です。彼に恨まれるならわかるが、結婚式に呼んでくれている。そう思うと、嬉しくて、嬉しくて涙が溢れ出たそうです。

結婚式場は塩谷先生の自宅から遠く離れていました。それでも塩谷先生は嬉しくて、すぐに参加の返信を出しました。結婚式の当日、式場に入った塩谷先生を一番に待っていたのは彼でした。彼は立派に建設関係の仕事に就いていました。

実は彼の父親も建設関係の仕事をしていたそうです。高校生の時、父親に反発ばかりしていた彼。その彼が父親と同じ職業に就き、今は父親と一緒に汗を流して仕事をしているのです。この話だけで塩谷先生はまた涙が溢れそうになりました。

さらに、結婚式での彼の入場衣装は、父親と同じ建設現場で着ている作業服でした。その背中には「寿」と描かれていました。それほど彼は父親の仕事に誇りを持ち、その仕事に自分が就いていることを誇らしげに思えるように成長していました。

もちろん奥さんは、彼の横でウエディングドレス姿でした。本当はタキシードで服装を揃えたかったでしょうが、奥さんも彼の想いを感じて何も言わなかったのでしょう。

彼の演出はそれだけではありませんでした。結婚式を象徴するウエディングケーキが会場にはなく、代わりにそこには大きな丸太が置かれていました。会場のみんなが不思議がっていたそうです。そして本来ならケーキ入刀なのですが、ここで丸太の出番となりました。なんと夫婦でノコギリを持ち、丸太への入刀となったのです。会場はおおいに沸いて彼の父親も満足そうにしていました。

塩谷先生は、どの演出も彼は今の仕事や現状に自信を持っていると感じたそうです。高校3年生の秋、問題を起こして学校を退学した彼、その退学で塩谷先生も自分の指導に自信をなくしていました。でも、彼はしっかりと塩谷先生の教えを胸に、自分の足で前に前にと進んでいたのです。その姿を担任であった塩谷先生に見てもらいたく、結婚式の招待状を出したのです。塩谷先生は立派に彼を指導できていたのです。

教育とは、なかなかその瞬間に結果が見えないもの。時が経ち、生徒の心の中に当時の担任が蒔いた種が芽をだし、育ってくるのです。教員とは、すべての子どもたちに正しい道への種を蒔き、芽を出すのをじっと待つ仕事なのではないでしょうか。一人一人が芽を出す時期は違っても、必ず芽を出し、育っていくと信じて前へ進んでいってよいのです。

塩谷先生はそれからは迷いを持たずに、子どもを教えられているといいます。そんな経験を持つ塩谷先生だからこそ、優しさと気さくさを併せ持っていたのかと改めてわかりました。

「笑華尊塾」のスタート

ある日、塩谷先生からのメールが届き内容を見て驚きました。高校教師を辞めるというのです。「これから、どうするんですか？」と聞くと、「しょうかそんじゅく」を始めるというのです。一瞬、「え？　吉田松陰の松下村塾？」と思いました。数年間で素晴らしい人材を世に出した松下村塾。もしかしたら、現代版の松下村塾でも開くのかなと思いました。

でも塩谷先生がいう「しょうかそんじゅく」は『笑華尊塾』と書いていました。塩谷先生は「これからの時代はココロの時代。教育現場はもっとフットワークよくいろいろな角度から指導し、子どものココロの成長を大切にする観点から切り込まなくてはならない」という考えがあったのです。そしてそんな人間が今の世の中には必要であると本気で思ったのです。

「でもそんなことを本気で始める人なんて誰もいない。じゃあ、自分がそんな人間になれないじゃないか！」そんな想いが抑えきれなくなったといいます。そして、高校教師を辞め、ココロの塾「笑華尊塾」をスタートされたのです。

私と知り合ってから一年ほどの出来事でした。塩谷先生の人生が大きく変わる時に私はその傍らにいたのです。

２０１７年の喜多川先生の講演時に、隣で名刺交換をした方からのメールでは、「塩谷先生は北海道で有名な方です。その方と中野さんがお知り合いなのですか？」と書かれていました。

２０１１年に仕事を辞め、新しい活動を始めた塩谷先生です。それが6年後には、北海道ではもう有名人になっていたのです。彼は短期間で本当にやり遂げたのです。

人生という道は常に分かれ道の選択です。どちらの道を進むべきなのかと判断の連続です。大きな分かれ道、小さな分かれ道、太い道、細い道、砂利道、舗装されている道、坂道など、その時々で分かれ道は違います。でも、どちらかを選ばなければ前に進めません。

きっと塩谷先生も教師という仕事を続けるか、新たな視点で教育にかかわっていくべきかを、眠れないほど悩み迷ったことでしょう。でも自分が進むべき道を自ら判断し歩みだしたのです。

人は道を選ぶとき、どんな判断基準で選ぶのでしょうか。「将来を考えて、無理をしない道を選ぶ」「責務として、やらなければならない道を選ぶ」「楽な道ではなく、苦労が多い道を選ぶ」「頭で考えず、ワクワクする道を選ぶ」など、その人その人で道の選び方が違うと思います。

でも最終的には、自分の心の声を大切にしながら選ぶのが正解なのです。きっと塩谷先生も自らの心に問いただし、その想いを信じて突き進んだ末の道だったのでしょう。

新たな道での活動がスタート

学校を離れた塩谷先生ですが、新たな活動でも多くの人を感動させ子どもを育てていきます。

高校を退職した塩谷先生には、専門学校の専任講師として、担任と就職担当をして欲しいという話が来たそうです。実は、そのクラスの担任が体調不良で倒れ、継続できなくなったそうです。その担任が、「俺の後任は塩谷先生にしてくれ」と強く推薦したことから、塩谷先生は専門学校の専任講師をお願いされたのです。塩谷先生は、知り合いの強い推薦もあり、専任講師の仕事を受けました。この依頼を受けたところから、また生徒とのドラマが始まりました。

その専門学校は、日本でも数少ない発達障がいの学生たちを受け入れていました。塩谷先生はそのクラスの担任となったのです。塩谷先生が担任となったクラスには療育（りょうぃく）手帳を持った生徒もいました。彼は喋ることが苦手でコミュニケーションすることにコンプレックスを持っていたそうです。

その彼のクラスで就職対策の授業を行った時のことです。その授業では絵本を使ったワークを活用しました。これは「絵本セラピー®」の手法です。彼は塩谷先生の話をいつもニコニコと聞いていたそうです。卒業後、障がい者就労支援事業所に進んだ彼は才能を発揮し、なんと絵本セラピスト®となったのです。喋るのが苦手で、コミュニケーションをとることにコンプレックスを持っていた彼が、絵本セラピー®という人の心と寄りそう仕事に就いたのです。

絵本セラピスト®は、絵本の読み聞かせだけでなく、お客さまに講座を作っていくことも必要となります。アイスブレイク、講座の諸注意、ワークの指示、著作権への配慮、そして来て頂いた方のみなさんが、参加してよかったと思える場作りも必要です。

そのためには、当然コミュニケーション能力を問われ、さらに雰囲気作り、プログラム作りなど授業づくりのすべてを、たった一人でコントロールしなくてはなりません。講座の企画、イベントの集客、などまだまだやることはたくさんあります。それを彼はひとりでやっていたのです。

彼の評判は広がり、イベントにも呼ばれるようになりました。さらに大勢の前で絵本を読む機会が増えたのです。それでも彼は立派にやり遂げました。あの喋るのが苦手な子どもが塩谷先生の授業をきっかけに、大きな飛躍を遂げたのです。

ここでもまた一人の生徒の人生を塩谷先生は変えたのです。生徒の心に種を蒔き、そして生徒がその種を大切に育て、自らも成長していったのです。

人は誰と出会うかによって人生が変わります。しかし、その出会いは偶然でも必然でもなく、自ら進む道を決めて進んできたからこそ、目の前に自分に必要な人が現れるのではないかと感じます。

「大人は子どもの写し鏡」

小川　輔　先生

小川　輔　（おがわ　たすく）
神奈川県出身。塾講師、Gゼミナール（塾）共同代表。
大手進学塾に勤務していたが、少人数で人との繋がりを大切にした指導を行いたいと考え、私塾を開講。卒塾生たちは高校・大学へ行っても小川先生と繋がっている。また、将来教師になりたいという卒塾生も小川先生が事務局をする「あしがら教師塾」事務局。「本当は塾がなくなって、子どもたちは自ら学べる社会がいいのだろう」と小川先生は言う。
・Gゼミナール　http://g-zemi.info/school/

圏外だった二人のご縁

ある年の秋、知人と一緒に紅葉を見るために山間部へドライブに行きました。晴天の秋空の中、渋滞もなく最高のドライブ日和でした。山道を登りつめ山頂から見る紅葉は、まさに山が燃えていると思えるほど綺麗な紅葉でした。

おもわず、スマートフォンを取り出し、その景色を何枚も撮影しました。知人はその写真をすぐにFacebookにアップしようとしたのですができませんでした。その時、スマートフォンの電波が圏外であることに気がつきました。

知人と並んで紅葉を見ていたのですが、ふと不思議なことに気がつきました。目の前にいる知人と会話はできるのですが、圏外のため電話での通話はできないのです。

便利になった通信環境ですが、状況によっては隣にいても会話ができないこともあります。それは人と人との出会いでも同じことがいえるようです。

小川先生は私の隣町に住んでいました。さらに、小川先生の家と私の家はさほど離れていないのです。きっとどこかですれちがっていても不思議ではない距離です。それでも会うこともなく、繋がることもなかったのです。以前から小川先生のことはお聞きしていて、「早くお会いしたいな」と思っていました。それでもまるで隣にいながらも、圏外で通話ができないスマートフォンのように神様は私たちを出会わせてはくれませんでした。

そんな小川先生とのご縁は、本当に不思議な理由から始まりました。私には関西に住んでいる知人がいます。イベントなどを一緒に活動するほど交流がある知人です。なんと、その知人と小川先生の奥様（紫乃氏）が繋がっていたのです。

ある日、奥様のところに関西の知人から手紙が来ました。その手紙には「隣町に中野先生というおもしろい方がいるから連絡を取ってみたらどうかな」と書かれてあったそうです。こうして、奥様から連絡が入りお会いすることになったのです。「あれ、小川先生の奥様ですか！」と私は驚きました。

こうして奥様とお会いした後、念願の小川先生ともお会いできました。その時、とても初対面とは思えぬほど話が弾みました。共通する意識があったからでしょう。話せば話すほど、「同じ本を読んでいる」「同じ方を知っている」など、共通の話題が限りなく出てくるのです。もう一人の自分といるようだと思うくらい共通点があり、とても不思議な時間でした。

実は、この出会いはタイミング的に抜群でした。出会った時はわからなかったのですが

「ここしかなかった！」ということが後日わかってくるのです。
私たちのご縁がこれまで圏外だったのは、きっと会うべきタイミングを神様が調整してくれていたのだと思います。

植松努さんの講演会の立役者

私はその時期、北海道にお住いの植松努氏の講演会を企画していました。植松氏は北海道でロケットを打ち上げている方です。とにかく不可能といわれることに挑戦して、それを成し遂げてしまう方で、「どうせ無理という言葉をなくしたい」が口癖のすごい方です。私は、どうしてもこの植松氏の講演が聞きたかったのですが、なかなかタイミングが合いませんでした。だから、私は自分で講演会を企画したのです。

このタイミングで小川先生と出会ったのです。小川先生にこの講演会のことを話すと、「ぜひ手伝わせてください」とすぐに言ってくれました。小川先生は、こういったイベントの仕事に精通されていました。とてもテキパキと細かい部分まで配慮してくださり、講演会の企画・運営を全面的に手伝ってくれたのです。いつも喫茶店で夜遅くまで打合せをしていたことを覚えています。

また、この講演会のチラシ作成を小川先生が担当してくれました。忙しいにも関わらず、近隣の市役所や町役場に足を運び、後援依頼に動いてくれました。正直、小川先生がいなければこの講演会をうまく開催できたかわかりません。それほどの貢献をしていただいたのです。

小川先生と共に企画した植松氏の講演会は大成功でした。やはり、神様が会うべきタイミングを見計らって、小川先生と出会わせてくれたのだと思います。

出会ってからの時間はさほどなくても、出会うべき人とはすぐに深いご縁となるのです。その繋がりがさらに深まり、新たな発想、新たな活動を生み出していくのです。

「塾」の講師と生徒を超えた関係を

小川先生の仕事は塾の経営です。中学校や高校時代の恩師の影響を受け、また教師であった母親の影響も受け、子どもたちを教える仕事に関心を持ち始めたといいます。

そして、学生時代に学習塾でアルバイトをした経験から、学習塾業界への道を選んでいったそうです。アルバイトという初めての社会経験が私たちの人生を大きく変え、その選択が人生の分岐点を決めていくことは少なくありません。

きっと、小川先生もそうだったのでしょう。学生時代のアルバイトは偶然に選んだ職場ではなく、潜在意識の中の「教育に関わりたい」という想いが、塾講師という形になって目の前に現れたのではないでしょうか。

小川先生が選んだ学習塾は、いわゆる大手学習塾でした。小川先生の仕事ぶりから、どんどん出世をしていったそうです。

当時の小川先生は遅くまで仕事をしていました。でも、小川先生が遅くまで仕事をしていると、部下が帰りにくそうにしているのを感じたそうです。そこで、ある時から小川先生は部下より早く職場を出るようにしました。

でも、実はすぐに帰宅はしなかったのです。勤務している学習塾の周りをしばらくぐるぐる車で走り、部下が帰った頃に職場にこっそり戻って仕事をすることも多かったそうです。小川先生の気配りが感じられるエピソードです。そういう人間的な優しさが人の上に立ち、人を育てていくのです。

ある時、小川先生は大手の学習塾をやめました。大手学習塾を退社し、仲間とともに『Gゼミ（学習塾Gゼミナール）』を立ち上げたのです。その創設の理由を聞き、さらに小川先生の人間性を感じました。

「一人ひとりの子どもたちの長所を見つめさらに学力をつけていきたい。そのために自分ができる限りの学習環境を整えたい。そして学んだ子どもたちやその保護者との繋がりを大切にしたい。これは大手塾の環境ではなかなか難しいものです」

こんな想いから、小川先生は講師から経営者へと立場が変わっても、相変わらず教壇に立ち、生徒へ直接指導を続けています。

そして、小川先生の蒔いた種は実を結んできました。『Gゼミ』を卒塾した子どもたちが、小川先生のところに訪ねてきてくれるのです。「第◯期卒塾生です」とお互いに挨拶をする姿に、この学習塾の伝統を子どもが作っているのだと想像できます。子どもたちだけではありません。小川先生の学習塾では保護者との繋がりも強くなっていました。単なる保護者会ではなく、保護者を対象に、大人が学ぶ勉強会をおこなっています。思春期の子どもについての学びや親としてのあり方を親同士で学んでいるのです。

さらに、子どもたちが見聞を広げられるようにと、著名な方を講師として呼び、講演会を開催しているのです。もちろん保護者も参加をします。さらに一般の方の参加も可能です。

小川先生は「学習環境を整えたい」という想いからといいますが、小川先生の活動を見ていると学習環境だけでなく、生徒や親の心のあり方という心の環境までも整えているように思えます。

卒業後も生徒の人生は続く

人は何かに打ち込んでいると、思いがけない感動に出会うものです。一生懸命に取り組んでいる人に、神様は「感動」というプレゼントを与えてくれます。塾経営に尽力する小川先生にも、当然たくさんの生徒との感動するエピソードが生まれました。その中の一つを小川先生にお聞きしました。

小川先生の塾生は、卒塾してもよく小川先生の元を訪れるそうです。それはきっと勉強だけでなく、人としての学びをたくさん教えてくれるからでしょう。

ある年、卒塾して数ヶ月が過ぎた卒塾生が、小川先生に会うために塾へ顔を出したそうです。高校生活の様子など色々な話をしてくれました。そして入学してすぐの時期にも関わらず、「大学へ行ったら心理学を学びたい」とその生徒は、はっきりと言ったのです。

小川先生はすぐに心理学に詳しい知人を紹介しました。その知人のメールアドレスをメモに書いて、「やる気あるならメールしてごらん。僕の名前を出せばすぐにわかるから」と生徒に渡したそうです。

さすが小川先生です。普通なら「大丈夫。知人に『教え子からメールが行くかもしれないから』と伝えておいたから」とその生徒へいうでしょう。でも、小川先生はその生徒が自分の意志で相手に連絡させるようにしたのです。「自分の道は自分で切り開いていくものだ」と、無言のうちに伝えていたのです。

その後、その生徒は小川先生の知人にメールをしたそうです。見知らぬ大人にメールをするのですから、どれだけドキドキしたことでしょう。「何ごとも経験です」という小川先生。それもわかっていて、生徒自らにメールをさせているのです。

生徒は、「心理学の話を聞かせて欲しいのですが・・・」と拙いメールを送ったそうです。すると、知人の方も小川先生の想いに気づいたのでしょう。「良かったら東京のオフィスまで遊びに来ませんか」というメールを返したそうです。ここで生徒はまた試されているのです。

しかし、その生徒の想いは本物でした。一人で東京の知人のところへ会いに行き、たくさんの話を聞いてきました。その後、小川先生の知人からメールが小川先生に届きました。「さすが小川先生の教え子だね。ついつい、長い時間話してしまいました」と。高校生が本気で大学で何を学びたいのかを考え、真剣に質問をする姿に感動し、凝縮した時間が作られたのでしょう。

この生徒は、その後も何度も知人に会いに行ったそうです。そしてその度に知人から小川先生に届くメールには「会うたびに、質問の内容が濃いものになっている」と書かれていたのです。会うたびに心理学についてますます関心が強くなっていったのでしょう。

生徒は、自ら行動を起こし、大学で学びたいことを明確にしていったのです。目標を持った生徒は、高校の勉強にもますます力を入れていきました。当然ながら成績もどんどん伸びて、気がつくと圧倒的な学力をつけていました。

数年後、その生徒は再び小川先生のところに来ました。心理学が学べる大学に合格をしたと報告に来たのです。「道は自ら動き拓いていく」。そのことを小川先生は教えていたのです。

「実はこの生徒は行きたい高校へ行けなかったんです。第一志望の高校は不合格になった生徒なんです」と小川先生に聞かされて驚きました。小川先生は、高校受験で挫折した生徒を心配して、卒塾してからもその生徒の将来のために指導と勇気を与え育て続けていたのです。

学校も塾も、子どもに対して一定の期間しか繋がりを持てません。でも、生徒の人生は一生続くことを忘れてはなりません。また教師も、卒業してからもやる気になればいつまでも生徒の人生を見つめ、時には勇気づけながらサポートしていくことはできます。

生徒との関係は卒業までの繋がりではなく、一生続く人と人の繋がりなのです。

学力だけでは人は育たない

小川先生の学習塾の入り口のドアを開けると、壁一面が書棚になっています。そこに並べられている書籍は、人間としてのあり方、生き方、人生を考えさせられる本がたくさん並べられています。そして塾生は好きな本をその書棚から借りられるのです。読書をすることで勉強だけでなく、人としてのあり方を自然と学んでいるのです。

また小川先生は、校外活動も積極的に取り入れています。ある時、小川先生の学習塾近くの駅で休日の早朝に駅前の掃除が行われるという話を聞き「これはいい！」と思ったそうです。

掃除の当日は、たくさんの方が駅前に集まりました。その中には小川先生となんと大勢の塾生の姿もありました。毎日学校へ通い、塾に通い、夜遅くまで勉強をしている子どもたちです。休みの日くらいはゆっくりと寝たいだろうと思ってしまいますが、みんな楽しそうにその掃除に参加していたといいます。もちろん生徒に参加を促したのは小川先生だと思います。

「根を養えば　樹はおのずから育つ」という言葉は「いのちの教育」の実践者であった東井義雄先生の言葉ですが、小川先生は目先の学力だけでなく、塾生たちの心の根をしっかりと育てていたのです。

「私は、木を切ることに忙しくて、斧を見る暇がなかった」という言葉が、渡辺和子氏の著書、『置かれた場所で咲きなさい』（幻冬舎）で紹介されていますが、目の前の結果ばかりを見ていると大切なことを見失います。そして気がつくと、大切なものを置き去りにして時が過ぎてしまっているのです。

子どものうちに、勉強だけではなく「人が生きていく上で勉強以外にも大切なことがあるんだよ」と教えるのも大人の責務なのです。それは、どんな立場であろうと、どんな職業であろうと欠かせないことです。

小川先生は勉強を教える学習塾の経営者ですが、それ以上に人との関わり方や人生のあり方を教えているのです。そんな指導を受けた生徒だからこそ、卒塾してからもなお、ずっと小川先生のところに集まってくるのです。

また、「今の子どもたちは学校・家庭という狭い世界だけで過ごすことが多い。実はもっと世界は広いことを知ってもらいたい。そのきっかけ作りをしていくことで、子どもたちの世界観を変えていきたい」という想いから、小川先生は著名な講師を呼び子どもたちへ話を聞かせています。

知識を得るだけでなく、心を養える学習塾を小川先生は作り上げてきたのです。実は、学習塾を立ち上げた時には、講演会の構想はなかったそうです。小川先生自身が学習塾関係者以外で活躍している人と出会い、その方々に刺激を受け、生徒へ講演をして欲しいと依頼をしてきたのです。

「動かなければ出会えない　語らなければ広がらない　聴かなければ深まらない」という言葉があります。小川先生は行動することで新たな発見をし、生徒のためになると判断して講演会を企画したのです。

小川先生は、常に子どもたちの成長や将来に役立つことを求めて行動されています。そういった想いがあるからこそ、小川先生自身のさらなる成長があり、もっと大きな世界観を持てる人になっていくのだろうなと感じます。

あしがら教師塾に塾生が

私は、教師の学びの場として、『あしがら学び塾』という活動を主宰しています。小川先生は事務局の一人として、派生する活動である『あしがら教師塾』を運営しています。『あしがら教師塾』を立ち上げる時、小川先生は「インプット中心の勉強会が多いが、アウトプットもできる学び場にしたい」といいました。現在でも小川先生のこの想いは、『あしがら教師塾』の軸となっています。

アウトプットのできる学びの場、そのために参加者は上限でも10人ほどに絞っています。毎回5時間以上行う『あしがら教師塾』は、とても内容の濃い学びの場になっています。

この教師塾に小川先生の経営する『Gゼミナール』の卒塾生で将来教師になりたいという大学生も参加することがあります。さらに、現役の塾生も参加を始めました。

この生徒が参加した時、なんとまだ中学3年生でした。中学3年生が教育の学びの場に入ってきたのです。そして、生徒の立場から発言をして現役教師や講師を驚かせます。

小川先生は、生徒や卒塾生を大人社会にどんどん出そうとしているのです。背中を押された生徒や卒塾生も物怖じせず、大人たちの中に入り自分の考えや想いを発信しています。

中学3年生であった塾生は、受験が近くなっても母親からの差し入れ持参で教師塾へ参加してきました。母親は我が子に、目の前の受験だけでなく、早いうちに社会や大人との接点の場も大切にして欲しいと願ったのでしょう。

小川先生は、塾生の意識を受験だけに置くことはしなかったのです。そして、その意識は塾生だけでなく保護者にも伝わっていたのです。

吉田松陰は「いかに生きるかという志さえ立たせることができれば、人生そのものが学問に変わり、あとは自ら学んでいく」という詩に想いを寄せました。小川先生も、子どもたちにたくさんの刺激を受けてもらい、まず「どう生きていくか」を考えて欲しかったのでしょう。そんな小川先生にどんな想いで子どもたちと接しているかを聞いてみました。

「根本には、『早く大人になりたい』『早く仕事をしてみたい』と心から思える子を増やしていくことができればと思っています。そのために、まずは自分自身が大人を、そして仕事を、そして学ぶことを心から楽しむことではないかなと思っています。『永遠のチャレンジャー』というセルフイメージをもとに、これからも大小問わず挑戦していきたいと思っています」。

大人は知っていることしか子どもに教えることはできません。だからこそ、大人はもっと学び、知識や世界を広げることが必要です。目の前にいる子どもは、大人の姿を映し出すのです。そのことを小川先生は実践しているのです。

「手を抜かないのは想いの強さ」

岩崎　元気　先生

岩崎 元気（いわさき げんき）
１９８８年、神奈川県出身。私立立花学園高等学校（神奈川県）教師。大学時代より学習塾Ｇゼミナール（現在小川輔氏が共同経営）でアシスタントを５年間経験。そこでの学びが教師になりたいという思いを強くさせ、私立高校の教師となる。若くして地区の進路担当を任され、数多くの中学校を訪問、各中学校からの信頼も厚い。さらに校内では特進コースを任されている。部活顧問はバレーボール部を担当。
教職員や生徒からの信頼は絶大なものがありまっすぐに生徒と向きあう中で、たくさんのドラマが生まれている。真剣な生き方をしている岩崎先生に感動のドラマの神様が何度も降りて来ている。教師の在り方を学ぶ「あしがら教師塾」の事務局を担当し、学びの場を広げている。

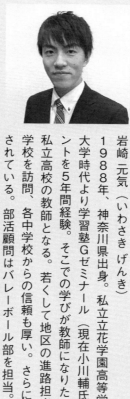

人は出会うべき人に出会えている

私立高等学校の教員をしている岩崎元気先生。名は体を現すといいますが、とてもハキハキと気持ちの良い方です。またとても真面目で実直な方です。

岩崎先生との出会いは２０１２年でした。この年、私はあるイベントを企画しました。このイベントを一緒に企画してくれたのは、『Gゼミナール』という学習塾を共同経営している小川先生でした。この学習塾でまだ大学院生だった岩崎先生がアシスタントをしていたのです。

小川先生の学習塾を訪ねてイベントの打ち合わせをした後、イベントのポスターを預かりました。ポスターは枚数が多く、重さもありました。岩崎先生はその重いポスターを私の手から引き取り、「駐車場まで運びます」と声をかけてくれたのです。その時のさわやかな印象が岩崎先生との最初の出会いとなったのです。

出会いとは不思議です。人と人が出会うときに、目には見えない何かがあります。それは目に見えないほどの瞬間的な感覚なのかもしれません。しかし、この目に見えない瞬間的な感覚を頼りに、人は繋がりをつくるのです。そこから、ただ会うとは違う出会いが生まれるのです。

まさに岩崎先生との出会いは一瞬でした。でもその一瞬から、その先何年にも渡って繋がっていくのです。


このことを立証するかのように、岩崎先生との関わりはさらに深まっていきました。岩崎先生は会えば会うほどその実直さを感じさせる方でした。２０１２年に企画したイベントの時です。そのイベントのチケットに押すハンコを、彼はなんと消しゴムで作ったのです。しかし、この消しゴムのハンコは素晴らしい作品でした。一つの消しゴムには、いくつもの文字が刻まれていてそれは精巧な作りでした。

この時、岩崎先生は大学院で教職の単位を取りながら、学習塾のアシスタントをしている時期であり、とても時間があるとは思えない状況でした。そんな中でこの見事なハンコを作り上げたのです。そしてイベントのスタッフとしても活動し始めてくれました。この後、さらに岩崎先生の素晴らしさをどんどん感じることが起きていきました。

教員になりたいという岩崎先生と岩崎先生の知人の教育関係者の二人で、ファミレスに行きコーヒーを飲みながら話をした時のことです。彼はノートを取り出し、会話の中のささいな言葉をメモし始めたのです。どんなことにも真剣である岩崎先生の姿に、私が刺激を受けた瞬間です。

また、岡山県でおこなわれた『あこがれ先生プロジェクト』に私が登壇した時のことです。会場に着くとなんとそこに岩崎先生がいました。自分が関わっていないイベントにも関わらず、神奈川県から岡山県まで来ていたのです。この情熱には驚かされました。「部活動がない日だったので」と、さらっと話す彼の姿に、学ぼうとする熱心さを感じました。

強い想いは行動に繋がる。それは距離も時間も関係なく行動を起こさせるのです。

選んだ道を一生懸命に歩く

人生という道には、常に分かれ道がある。二つに分かれている時も、三つ以上に分かれている時もある。同時にいくつもの道を歩むことはできず、常にいずれかの道を選んで進んでいかなければならない。人との偶然の出会いから、目の前にあるいくつもの道から一本の道を選ぶことがある。

岩崎先生にもそんな道の選び方がありました。もうすぐ大学2年生になろうとしていた3月のこと。当時、お付き合いをしていた方から学習塾のアルバイトを紹介されました。

以前から塾講師にあこがれていた岩崎先生は、すぐに紹介された塾で面接を受け、アシスタントとして働くようになったのです。この選択が岩崎先生のその後の人生を大きく左右しました。

もし、学習塾の紹介がなかったら。もし、その学習塾を選ばずに他の塾を選んでいたら。もし、アシスタントとして働くことがなかったら、私との出会いもなかったはずです。

岩崎先生は、その学習塾でたくさんの経験と学びをしました。アシスタントとしてアルバイトを始めたのですが、すぐに講師として授業をできたのではなく、最初の一か月間は授業のための研修をひたすらに受けていました。午後から模擬授業を行い、それをプロの講師の方に見てもらうのです。その後、アシスタントとして事務仕事をおこないます。生徒の前に立つのであれば、アルバイト講師だろうが、プロとして教壇に立たなければならないということをこの学習塾では教え込んだのです。

岩崎先生は自分の立ち位置で、できることを徹底してやろうとしました。自分の立ち位置が分からず、謙虚になれない人が多くいます。立ち位置を分かって行動できる人は自分がすべきことが分かります。そのすべきことを徹底してやっていくことで人として磨かれていきます。

この学習塾で岩崎先生は自分磨きをしていきました。彼の一つ一つの行動にはある想いが込められていました。「生徒が勉強しやすいベストな環境を作る」ということです。そんな想いがあるからこそ、授業と授業の間の休み時間に黒板を徹底的にきれいにし、チョークの粉が黒板に一切ついていない状態を作り続けたのです。

生徒が勉強しやすい環境づくりは、教室環境だけではありませんでした。岩崎先生は学習塾のトイレ掃除を行い、プリント作成時にコピーした時に写る不要な線をすべて消すなど細かい気配りまで徹底したそうです。

自分の立ち位置でできることを完璧な状態にまで持っていく。そこには生徒が勉強しやすいベストな環境を作るという生徒への想いを感じます。想いある行動は、同じ作業をするにも結果が違うのです。

岩崎先生の行動は、まさに生徒への想いのある行動ばかりでした。しかも、たくさんの作業をしたいと、質を下げずにスピードを上げる研究もしたといいます。「いくら時間をかけてもいいのであれば丁寧な作業ができる」というのでは、作業は進まないことを岩崎先生はわかっていたのです。

授業をおこなっている先生方の負担を少しでも減らそうと気配りをして、何をすべきかを探し丁寧にその仕事をしていたのです。必要な事務仕事がなくなると掃除をするように指示が出るので、職員から「掃除をしておいてくれ」と言われるとガッツポーズをしていたといいます。

誰かがしなければならない仕事を、誰かがするのを待つのではなく自分でする。この行動が自分を高めると同時に職場を変えていくのです。岩崎先生の行動は、こうして自分を高め、職場をさらに良くしていったのです。

岩崎先生は、授業を行う際の「声」の大きさ、「字」の丁寧さ、「話す」時の生徒との目線など、基本的なことを徹底して教えられたといいます。さらに、用意周到な「授業準備」も教え込まれたといいます。ノートは見ない、例題も含めすべてを頭に叩き込んでから授業に臨む。このことを徹底することで生徒との対話が増え、生徒の表情を見ながら授業をおこなえるようになるのです。

授業準備用ノートには、教科書や問題集の内容、いくつもの例題、図表やその単元に関係する資料、余談などを何パターンもびっしり書き込みます。それを頭に叩き込んで、自分の言葉で授業をおこなう。研修中にも関わらずこれを毎回完璧にこなさなくてはならなかったそうです。

この準備には、大変な時間がかかったことが想像できます。でも子どもたちのために自分ができることを精一杯に、完璧におこなう気持ちで取り組んでいたのです。どんなことでも、ある期間は夢中になって取り組むこと。自分に厳しく、自分にやるべきことを課していく。それが大きな力になっていくのは多くの教員をみてきたのでわかります。

教員なら、誰でも若い頃は必ずあるそんな経験は、将来の自分にとって竹の節目のように強く硬くなる部分です。集中して取り組んだその経験が将来の大きな力となっていくのです。

岩崎先生はその後高校の教師になりました。そして今でも塾同様に、授業準備を続けているそうです。教師になって最初の3年間は授業準備で寝る時間もないほどだったそうです。

この学習塾はアシスタントである岩崎先生も一人の生徒として、様々な体験をさせてくれていたのです。保護者会の司会、塾で発行している通信の作成の手伝いなど、教員になってからも必要なことをこの塾で経験させてもらったと岩崎先生は言います。

岩崎先生がこの塾のアシスタントを選んだのは偶然でした。でもその偶然を必然に変えた結果は、自身の努力がなければ叶わなかったでしょう。どの道を選んでも、その後本人が一生懸命にその道を歩かなければ何事も成し得ないのです。

夢が叶う、そこで出会った子どもたち

大学院を出た岩崎先生はついに自分の夢を実現します。高等学校の教員となり、教壇に立ったのです。そこで子どもたちとのドラマが始まりました。

学習塾で、生徒のことを思い丁寧に、熱心に取り組んできた経験をようやく生かす場がやってきた岩崎先生。教員になってからすぐに、張り切って学級通信を発行し、生徒のこと、クラスのこと、担任としての自分のことなどをどんどん書いていきました。そして、教員になる前から思っていた「多くの人を幸せにしたい」という想いを綴ったのです。

また、生徒の人間性を磨くために、新聞のコラムや世の中の出来事を紹介し、メルマガやブログ、そして書籍や講演会で自分が学んだことなどを、様々な視点で学級通信に書き、生徒や保護者へメッセージとして送り続けました。さらに、QRコードを載せ、岩崎先生のホームページへ簡単にアクセスできるように工夫をしたのは、岩崎先生らしい細かい気遣いです。

このように、常に新しい情報を集め続けるのは大変な作業だと思います。私も経験しましたが、生徒が喜ぶ姿を意識すると、何かできないかと勝手に体が動いてしまいます。そ

うすると、教員としてのアンテナが研ぎ澄まされ、知らず知らずのうちに生徒に必要な情報があるところへと運んでくれます。岩崎先生もこの状態だったのです。

この状態で集めた情報は、生徒へ間違いなく好影響を与えてくれます。こうして生徒を想う教師とそれを受けた生徒が一体となり、理想的な一つのクラスを作り上げていくのです。

高等学校では、卒業すると大学や専門学校へ行く進学組、そして社会に出る就職組にわかれます。卒業したらすぐに社会人となり、社会の中で役割を持たされ働く生徒がいるのです。

だからこそ、岩崎先生は生徒に対し、自分の力で人生を幸せにする力を学生のうちに身につけてほしかったのです。そして、自分の周りの人も幸せにできる人になってほしいと。このことを岩崎先生は学級通信をはじめとして様々な方法で生徒へ伝えていきました。

「人生には数多くの大変な経験をする時期がきっとある。そのとき、それを不幸と捉えるか、その大変な時にもその中に幸せを見いだせるか。それは一人一人の考え方によるもの。幸せな人生を送り、周りの人たちを幸せにできる人は、間違いなく幸せになるような考え方をしている。生徒一人一人が少しでもそういった考え方を身につけ、卒業していってほしい」と岩崎先生は言います。

この生徒への想いは、クラスの子たちだけへのものではありません。部活動の部員に対しても同じ想いです。岩崎先生が教員となって担当した部活動は男子バレーボール部でした。当初の部員は5人、しかも練習に参加していたのはたった2人でした。部員と最初に約束したことは、「練習を休まない」ということでした。部員が少ない中で一人でも休むと練習がなかなかできなくなるからです。

岩崎先生の指導のもと、毎日熱心な練習が続きました。その間にも授業準備、学級経営、さらに生徒募集も任され中学校訪問などで仕事は山積みです。それでも、岩崎先生は持ち前の丁寧さを捨てず、結果にも妥協しませんでした。

すると、なぜかバレーボール部の部員がどんどん増えていったそうです。5人で始まった男子バレーボール部ですが、気がつくと、20名ほどにまでなっていました。岩崎先生は「もっと部員を増やせ」「勧誘してきてくれ」などとは一度も言ったことがないそうです。それでも、教師の熱い想いは子どもたちへと伝わり、自然と部員を集めてくれてきたのです。

教員として大切なことは、生徒たちの心を揺さぶり、自ら動いてもらうよう指導することかと思います。そのためには、まず教員自体がその背中を見せる必要があります。それを実行した岩崎先生の姿が、間違いなく子どもたちの心に火をつけたのだと思います。

やっぱり教員になりたい思いが

実は、岩崎先生は一度教員への夢をあきらめかけた時期があったそうです。

高校時代からずっと、「将来は教員になりたい」と思い続けた岩崎先生でしたが、大学に入学すると学科のカリキュラム的に教職を取るのが難しくなってきたことを感じました。気が付けば大学3年生になっていたそうです。一般企業への就職を考えて就活をはじめてみたのですが、やはり心の中では教員になりたい想いが沸き上がってきたそうです。

その理由は、学習塾での濃密な講師経験です。生まれてきてから経験したことのない刺激を多くの方から受け、教える立場になって「多くの人を幸せにしたい」という気持ちが湧き出てきたのです。

一方、教員になることを不安に感じている自分もいました。「教員になって自分には何ができるだろうか、本当に自分は人を幸せにできるのだろうか」と。それでも考え、悩むたびに「教員になりたい」という気持ちの方がますます強くなっていったそうです。

決心がついたのは大学3年生の終わり頃でした。でも、4年生の今から教職をとるにはどうしたらよいか悩みました。他学科の多くの教員志望の学生はすでに教職の単位を取り始めています。結論としては、大学生の最後の一年間では教員になるのは難しいということでした。しかし、それでも岩崎先生はあきらめませんでした。「大学院に行って教員免許を取ろう」とすぐに気持ちを切り替えたそうです。さらに学生を続け、教職をとる道を歩んだのです。

しかし、大学院は甘くはありません。午前10時から午後8時までは研究室で研究を続けなくてはなりませんでした。それでも岩崎先生はあきらめないで教授に、「先生、午後6時からの教職の授業をどうしても受けたいんです」と願い出ました。

問題は、研究室を抜ける午後6時から午後8時までの2時間をどうするかということになりました。そこで岩崎先生はこういいました。「教職の授業があるときは、2時間早く研究室に入るか、2時間遅く研究室に残ります！」。

神奈川から東京の大学に通っていた岩崎先生は、2時間早く研究室に入るときは、午前8時には研究室に入らなければなりませんでした。2時間遅く残るときは、午後10時まで研究室に残ることになります。

教授もそんな彼の決心を聞いて「できるならかまわないぞ、がんばれよ」と背中を押してくれました。当然、研究室に泊まり込む時もあり、睡眠時間は2~3時間の日もあったといいます。それでも教員になりたい一心で毎日を過ごしていたのです。努力を続けた岩崎先生は見事教職の資格をとって、大学院を出ることができました。

夢はけっしてあきらめない。どんな方法でも探し出し実現する。そんな強い想いがあったからこそ、岩崎先生はいつも一切手を抜かない行動を続けられているのだと思います。

「必死に火を灯し続けたことには意味がある」

安田　和弘　先生

安田　和弘（やすだ　かずひろ）
1963年生まれ、三重県出身。三重県四日市市内部東小学校教師。西村徹氏が主宰されている「教育立志会」の中心的メンバーとして活躍している。また、喜多川泰氏の「教師塾」や伊勢で行われている「伊勢いなほの会」、「伊賀読書会」など、様々な場で活躍している。さらに三重県から始まった「あこがれ先生プロジェクト」にも当初から関わってきた。滋賀県で行っている「虹天塾」という学びの会では講師として講演をするなど、講演活動も行なっている。

出逢いにはちょうど良いタイミングがある

すべての方との出会いに共通して感じることがあります。それぞれの出会いを振り返ると、人との出会いは偶然の出会いかのようですが、実は神様がその出会いを仕掛けていると思わされることです。

森信三先生の言われている「人間は一生のうちに逢うべき人には必ず逢える。しかも一瞬早過ぎず、一瞬遅すぎない時に」という言葉どおり、出会うべきタイミングもまさにベストタイミングなのです。

安田先生との出会いもまさにそうでした。２００９年に三重県総合文化センターでおこなわれた『第二回あこがれ先生プロジェクト』。その前日に、私は初めて安田先生と出会いました。安田先生は、『第一回あこがれ先生プロジェクト』（当時は「先生見本市」と言われていた）で、兵庫県の西村徹先生と出会い、そして今回も誘われ参加されたとのことです。安田先生が西村先生と出会ったことで、私との出会いに繋がってきたのです。

この『あこがれ先生プロジェクト』は、中村文昭さんや大嶋啓介さんたちが発起人となり、日本中の先生を元気にしようと始めたものです。今では、全国各地で開催されるようになっています。

安田先生のお住まいは『第二回あこがれ先生プロジェクト』の会場まで車で30分ほどなのですが、安田先生は会場近くのホテルに前泊されました。その理由は、開催前夜に遅くまで駅の近くの居酒屋で打ち合わせと懇親会が行われ、安田先生も参加されるからでした。発起人の中村文昭さんも同席されるということで、みんな楽しみにしていました。

その席で、文昭さんはこんな話をしてくれました。家族で中華料理屋に食事に行った時、「今日は、なんでも注文していいぞ」といったそうです。でも、子どもたちは一品しか注文をしないのです。「もっと、食べたいものをどんどん注文していいぞ」という文昭さん。すると子どもたちは、「ううん。だっておとうさん、みんなのためにお金いるんでしょ。お金はそのために使って」と答えたそうです。話を聞いた私や参加された方の多くは、まだ小さいお子さんたちの心遣いに涙しました。お酒を飲みながら泣くことなんて初めてでした。

その文昭さんは、居酒屋で自分の話をしながらも、翌日にステージに上がる講演者からもいろいろとその方に関わる話を聞いていました。すると翌日の講演の時、この居酒屋で話していた講演者の話を交えながら、その人の人間性をも伝え、拍手喝さいの司会をされたのです。

「この人は本当にすごい！」私はそう感じました。その場に同席していた安田先生もそれを感じていたそうです。

いつも楽しい話をされる文昭さんですが、その中でいろいろな気づきをさせてくれることが多いのです。それは講演の時だけでなく、居酒屋にいるときも、打ち合わせしている時もいつも同じということです。

安田先生とは、こんな貴重な体験の場での出会いとなりました。きっとその時は文昭さんの凄さに、安田先生と私は出会いながらもお互いに意識していなかったかもしれません。

この居酒屋での打ち合わせ会と懇親会の後、二次会へも参加しました。その会場に安田先生も参加され、この席でようやくいろいろな話をしたのが始まりでした。

安田先生がもし懇親会に参加をせず、30分ほどの自宅から当日の会場へ来ていたのなら、私たちは出会わなかったかもしれません。まさに、出会いは神様が仕組んだドラマだと思います。

いつも子どもたちの中にいる安田先生

安田先生は小学校教師ですが、ある年の教え子に不登校の子がいました。その児童が一年生の時に担任したのが安田先生でした。彼は小学校一年生の時から不登校だったそうです。彼は後に「※耕せにっぽん」にも参加しますが、あの文昭さんをして、彼のことを「日本一の不登校児だ」と言わせた筋金入りです。

安田先生は彼が小学校1年生（6歳）の時に担任し、気にはなっていたもののそれから10年間会えずにいたのです。そして時を経て10年後、彼が16歳になった時に偶然の再会があったのです。

三重県桑名市で行われた栗城史多さんの講演会に安田先生が行った時のことです。物販コーナーに大人しそうな青年がいることに気がつきました。なんとなく気になって、その場に近づくとなんと小学校1年の時に担任していた彼だったのです。嬉しいことに彼から「安田先生！」と、声をかけてきてくれました。この出来事の背景には彼を担任していたとき、いかに安田先生が不登校の彼と本気で関わってきたのかがうかがえます。

※耕せにっぽん：本気で農家を目差す人から、ひきこもり・ニート・不登校の方々で北海道にて7ヶ月の農業研修に参加し、将来は農家を目差すもよし、今の自分を鍛え直し自信をつけるもよし、という一歩踏み出した若者をサポートする活動。

人生の中で、いつ結果や変化が出るかわからないことはたくさんあります。二宮尊徳氏の言葉に「この秋は 雨か風かは 知らねども 今日のつとめに 田草取るなり」という言葉があります。

教育や子育ては日々の結果は見えない。それでも子どもたちに今すべきこと、しておきたいことを必死ですることで、教師の想いは間違いなく子どもの心に伝わっていきます。そして時が過ぎ、その想いを子どもたちは言葉にすることができるのです。

安田先生が6歳の子どもの心に、必死に火を灯し続けたことには意味があったのです。この彼との10年ぶりの再会から、安田先生と彼との付き合いが深まっていくのです。

彼が『耕せにっぽん』に参加したのは、安田先生と再会した日の懇親会の席でした。16歳の彼が大人ばかりの場に参加し、自ら文昭氏さんに、「『耕せにっぽん』に参加させてください」と申し出たのです。それはその日、安田先生と10年ぶりに再会したこともきっかけのひとつとなったのかもしれません。10年の時を超えても続いていた信頼関係です。これぞ教師冥利に尽きるというものでしょう。

信頼する人が近くにいるだけで、子どもは勇気を出して一歩進めるのです。教師はその瞬間のために、日々の教育を続けるのではないかと思います。

滲み出る心配り

安田先生は教育に関心のある方々が集まる『教育立志会』のスタッフ、はがきを愛好する方々の集まり『三重はがき祭り』の実行委員、森信三先生の人間学に関わる本を読む会『人間学伊賀読書会』のメンバーであり、また若い先生方の学びの場である『菊池道場』の三重支部顧問をされています。さまざまな場で必要とされている理由は、きっと安田先生の人間的な魅力が安田先生をその場に導き、新たなアイデアや出会いを生み出しているからでしょう。

安田先生はさらに、数々の分野で活躍され、「文部省（当時）平成12年度社会教育功労賞」も受賞されたあの故・※中山靖雄氏の奥様の緑さんが主催されている「伊勢いなほの会」でも活躍されています。

生前、中山氏のもとには、職種を問わず、国内にとどまらず海外からも、多くの著名な方が教えを受けに来ていました。安田先生はそんな中山氏の一番近くでたくさんのことを学んだそうです。

※財団法人修養団常務理事／伊勢道場道場長、伊勢青少年研修センター所長、東京・メキシコの各オリンピック世界青少年キャンプ日本団役員、2000年には「文部省平成12年度社会教育功労賞」を受賞する。

安田先生と中山氏とのご縁は、入江富美子監督の映画上映と講演会の時に始まったそうです。安田先生から話を聞くと、実はそれ以前に安田先生は中山氏にお会いしていたそうです。でも、その時には繋がることはできませんでした。

安田先生は中山氏との出会いについて、「中山先生が、目が見えなくなって話をすることが不自由になって惹きつけられるように繋がっていった」といわれます。

やはり、出会いにはタイミングがあるのです。繰り返しになりますが、森信三氏の言葉「人間は一生のうちに逢うべき人には必ず逢える。しかも一瞬早過ぎず、一瞬遅すぎない時に」の通り。安田先生も一瞬早すぎず、一瞬遅すぎずに会うべき人に出会ったのでしょう。

そして、安田先生は中山氏にますます強く惹きつけられていったのです。ご縁ができてお話を聞くたびにもっともっと学びたいと強く思うようになったということです。

そこで、安田先生は中山氏の講演会等を片っ端から調べたそうです。そして、中山氏を囲む会『たけの会』という集まりがあることを知り、「これだ！」と感じて毎回のようにその会に参加しました。

参加者は中山氏と同年齢（年配層）に近い方々がほとんどだったといいますから、当時の安田先生はとても若く、大先輩方の中でいつも緊張していたことでしょう。それでも安田先生は中山氏の話を聴き、少しでも自分の人生の学びにしたいと『たけの会』に参加し続けたのです。その強い想いは、参加者の大先輩方にも届き、可愛がられながら「たけの会」に次第に馴染んでいったそうです。

安田先生は、中山氏とのご縁を私にも繋いでくれました。ある年、私が三重県の四日市で講演をする時、安田先生が駅まで迎えに来てくれました。そして予定になかった伊勢名所案内までしてくれたのです。その時、安田先生はいきなり、私を中山氏のご自宅へ案内してくれたのです。予期せぬ事態に私は正直いって慌てました。

この安田先生の気配り、心配りには感動しました。同時に、多くの方が安田先生の周りに集まって来る理由がわかってきた気がしました。初めてお会いした中山氏でしたが、たった今お会いしたと思えないほどたくさんのお話を聞かせていただきました。

この時、すでに中山氏は目が見えなくなっていましたが、それでもなんでも見えているように話をされるのです。私や安田先生、中山氏の奥様と話す時、一瞬相手を見てから話をされるのです。そのお姿には驚きました。

もう一つ驚いたのは、お茶を出された時です。小袋に入れられた全てのお菓子にハサミが入れられて、すぐにお菓子が取り出せるようにしてあったのです。奥様のご配慮でしょう。

安田先生がこの中山氏ご夫婦にたくさんの影響を受けていることはすぐにわかりました。その気づきと感性を安田先生は持っていたのです。どんなことに対しても、気づく力（感性）がなければ、自分への学びがありません。気づきそのことに感動し、そして自分でできる気配りや心配りが身についていくのです。きっと安田先生は中山氏からたくさんの影響を受け、それを自分のものとしてきたのでしょう。

どんな人に出会うかで、その人の感性までもが変わってくることを教えられました。

出会いの連鎖は行動から

『第二回あこがれ先生プロジェクト』の前日に安田先生と出会ったのですが、その翌日にさらに出会いが深まっていきます。前泊したホテルで朝食を食べている時のことですが、この朝食が「伝説の朝食」になることはその時は知る由もありませんでした。

私は西村先生と並んで朝食を食べていました。西村先生がふと、「みんなが集まって講演会などが聞ける会を私もやりたいなあ」とつぶやいたのが始まりでした。この後は、前述の西村先生のご紹介のお話の通り。『教育立志会』があっという間に立ち上がってしまいます。

驚くべきは、あの電光石火の決断の場に、たまたま安田先生がいたことです。「教育立志会」が生まれる瞬間に安田先生も偶然立ち会っていたのです。繰り返しになりますが、もしも安田先生が、前日の文昭さんとの懇親会に出席せず、ホテルに前泊しなければこの朝食の場にはいなかったのです。これをご縁と言わず何と呼ぶのでしょうか。

このように、強烈な出会い（「伝説の朝食」の場）から安田先生は西村先生と出会い、「教育立志会」と関わるようになったのです。そして、だんだん会の中心人物となり、第5回ではついに実行委員長となり、全国から参加される方々をまとめていったのです。

安田先生は『第二回あこがれ先生プロジェクト』の前日から当日の2日間だけで人生を変える出会いを次々と繰り返しました。まさに出会いの連鎖です。全ては文昭さんの懇親会に出ようと行動したことから始まっています。

出会いや繫がりは人だけではないのです。人以外の目に見えない、場所、タイミング、さらに偶然が複雑に重なり合って生まれるものなのです。

実践から出る力強い言葉

安田先生は、行動の人です。まず一歩を踏み出してみる、そんな方です。

私は『やまびこ会』で教育現場からの発言集として『ＹＰＣ』誌という季刊誌を発行しています。ある時安田先生に、「一緒に書きませんか」と声をかけてみました。すると、「書かせてください」と、すぐに返事をいただけたのです。実はこの時、バックナンバーも渡していなかったのです。それでも安田先生は「一緒に書こう」と言ってくれたのです。

後日、安田先生に聞いたところ、「返事をしてから、バックナンバーを送ってもらって、それを見たら返事をしてしまったことに後悔しましたよ」といっていました。「どうしてですか？」と尋ねると、「バックナンバーを見て、こんなに上手く自分が書けるかどうか心配になったんです」と言うのです。でも、安田先生は文章も上手でした。しばらくすると、「毎号書いていくうちに書きたいことが溢れてきたよ！」と言ってくれたのはさすがでした。

たくさんの学びと実践がある安田先生に書けないはずはありません。私は声をかけたときからそう思っていました。安田先生の言葉は、まさに実践から湧き出た力強いものばかりです。その言葉の裏には深い学びや実践があることがうかがえました。だから、文章を書いても同じような力強さや学びを得られるだろうと考えたのです。

「学びは実践して示す」

北村 遥明 先生

北村 遥明（きたむら はるあき）
１９７４年生まれ、滋賀県出身。滋賀県立水口高等学校教師。滋賀県立高等学校教師（英語科）。『虹天（こうてん）塾近江』を主宰し、森 信三先生や小林正観さんの本などの読書会や、各月ごとのテーマに沿った学習会を毎月１回行っている。また、複写ハガキの実践や『滋賀便教会』、（H22・３・21に発足）にて教師の教師による教師のためのトイレ掃除に参加したり、朝ワク朝礼チームイングリッシュ（スカイプによる英会話サークル）に参加して、楽しみながら学びを続けている。

似た者同士が出会った

北村先生との出会いは、兵庫県で一泊で行われた研修会でした。初日の研修が終え、入浴するために脱衣所に入った時です。私の近くにいたのが滋賀県から参加の北村先生だったのです。

私たちはお風呂の脱衣所で知り合ったのです。なぜかふと目が合い、何気ない言葉を交わしました。ひと言、ふた言、そして一緒に湯舟に浸かったことを機に、一気にたくさんのことを話しました。私たちはまさに裸の付き合いから始まったのです。だからこそ、今でもずっとご縁があり、情報交換ができているのではないかと思います。

しかし、北村先生との出会いを振り返るとそれだけではないと思うようになったのです。出会うべき人に出会うということは、偶然ではなく、自分の心の中で無意識のうち自ら求めている人に出会っているのです。

北村先生にいろいろ聞いていくうちに二人にはいくつもの接点があることに気がつき驚きました。まず大きな接点は、二人とも鍵山秀三郎氏がおこなわれている「掃除に学ぶ会」

「便教会」などの活動をしていることでした。私は神奈川県、北村先生は滋賀県と活動場所は違いますが、きっとどこかでお会いしていたかもしれません。でも意識していなかったせいか気がつきませんでした。その後は各地へトイレ掃除にいくと、そこで北村先生と声を掛け合うようになりました。私は『かながわ便教会』という名前の通りのトイレ掃除を中心とした集まりをおこなっていますが、北村先生も主宰する『虹天塾近江（こうてんじゅくおうみ）』でトイレ掃除の実践を大切にされていて、共通する想いを感じました。

北村先生の行動には軸があります。「それはとにかく実践」という姿勢です。教わったことは理由付けしての行動ではなく、とにかく即実践して示します。実践する方の言葉には絶対的な信用が生まれます。だから、北村先生の言葉にはみんな一目置いているのです。

北村先生は、掃除をしながら「環境が人を作る」ことを実感しているのです。生徒と一緒に掃除をして教室を綺麗にすると、不思議と子どもたちの心が安定し、その後の授業の成果も上がるそうです。

北村先生は、自らトイレ掃除で学び、その学びを学校教育に生かして成果を出しているのです。体験したからこそ、掃除の効果と魅力を多くの方に伝えられているのです。実践せずに誰かへ伝えても、説得力に欠けなかなかその成果は得られないものです。

立場や職種も問わず集まる『虹天塾近江』

高校教師である北村先生は、仕事以外にも様々な活動をしています。その活動の一つである、『虹天塾近江』という学びの場を主宰されています。北村先生は、この『虹天塾近江』が順調に運営できるまでになんと10年以上かかったといいます。

北村先生は、教育者である原田隆史氏の教師塾で学び続けていました。この原田氏の教師塾は「自立教育」と「主体変容」の学びが中心的だったそうです。

北村先生は生徒たちを自立させるなら、まずは自分たちが自立することが必要ということを知ります。それなら自立するために、自分たちで学びの場を作ろうと考えたのです。それが『虹天塾近江』なのです。

どんなことでも動き出す時の苦労は多いものです。そして継続していくうちに、活動に変化が見られるものです。『虹天塾近江』もそうでした。当初は教員だけで始めた勉強会でした。しかし、この環境では学校という枠組みの中だけの学びの場にすぎないことに気がついたのです。

社会の中にはたくさんの組織があり、それぞれの活動があります。その一つひとつは別のものではなく、歯車のように噛み合って動いています。一つの組織だけが動いていてもその歯車は空回りしてしまいます。すべての組織が社会に貢献できる組織であることが必要なのです。

学校という組織内だけでは、教育活動の効果が薄れてしまいます。だから、北村先生は、『虹天塾近江』の活動を教員以外の世界に広げていったのです。

広がりの第一歩は、『虹天塾近江』の会報誌『虹天』の発行でした。この会報誌により、教員だけでなく、滋賀県の教育関係者、保護者、経営者、企業、様々な団体など多くの方が「虹天塾近江」の活動を知り、その参加者は多種多様になったそうです。

そして今では『虹天塾近江』はすでに１２０回以上開催するほどに至りました。滋賀県の彦根市で、毎月1回約3時間開催する『虹天塾近江』はずっと盛況が続いています。まさに「本物」は続くという言葉通りです。

人の行動は、頭で動くのではなく心で動くものです。「～しなければならない」「～すべきだ」と頭だけで理解しても、その行動は本意でなく義務的なものになってしまいます。だからこそ、自ら答えを探し、自分の心をもって行動することで真の自分の道が見えてくるのです。

この意識を『虹天塾近江』は教えてくれているのです。高い志の教えには、博識な立場の方でも興味を持って集まり、多様多種な方の集まりとなっているのだと思います。

教師が変われば生徒も変わる

教職という仕事は、常に思春期の生徒と向かい合う仕事でもあります。思春期の生徒は、理由もなく教師（大人）に反抗をしたり、避けたりすることがあります。

中学校や高等学校で教師をしている方は、このような経験が少なからずあるでしょう。そして、反抗する原因は自分の指導のあり方なのだろうか、と悩み出す教師もいます。でも、多くの原因は教師ではなく、自分の中で一生懸命に〝もがき〟ながら大人になろうとしている生徒の成長過程にもあるのです。

北村先生も同じ経験をしていました。学級担任をしていたある年のこと、一人の生徒から「目の敵として嫌われた」と感じたそうです。

北村先生に対するその生徒の言動が日に日に露骨になってきたのです。そして、北村先生はその生徒のことを常に意識せざるを得ないようになっていきました。

きっと教室に入ることも辛い日があったのではないでしょうか。学級担任は一人の生徒だけの担任ではなく、クラスの生徒全員の担任なのです。しかし、北村先生は一人の生徒に避けられ続けることで、ほかの生徒までも見えなくなってしまったそうです。

北村先生はそんな状態の時に、「凸と凹」という字が目にとまったと言います。そして、凸の出ているところは人間の長所、凹のへこんだ部分は人間の短所。この凸と凹の二つを見ていると、凸をひっくり返すと凹にすっぽり入る。そのことから、短所と長所は一対だと思うようになったのです。

そして、北村先生は、「この生徒への関わりがうまくできていなかったのは、自分の短所だったかもしれない。でも短所ばかりを見ていてはいけない」と気づいたのです。

その後は、自分の中にある長所を意識し始めました。もし、自分の長所が見つからなかったら、自分の凹（短所）の部分は他の人に埋めてもらおうと、意識が変わっていったのです。「自分の短所は短所のままでいい。その短所を誰かに埋めてもらったら、その人に『ありがとう』を伝えられるし、深い繋がりが生まれるかもしれない」そう思うようになって気が楽になったそうです。

さらに、今までの自分は「教師は完璧であるべきだ」と思い違いをしていたことに気がついたのでした。でも「完璧な人間なんていない。それぞれの持ち味を生かせばいいんだ」と、思えるようになると、肩の力が抜けて、生徒との会話も自然体で楽しくできるようになっていったそうです。北村先生を避け始めた生徒のおかげで、これまでの自分の欠点を知り、ありのままの姿を生徒の前で出せるようになってきたのです。

そして、変わったのは北村先生だけではありませんでした。その周りの生徒も自然と変わっていったのです。いつしか、自分を避けていた生徒とも笑いながら話せていたといいます。

環境を変えるのは、周りを変えることではないのです。まずは自分が変わること。自分を変えるのは自分しかできない。だからこそ、今の自分をよく知らなければならないのです。

教育は漢方薬のようにじわりと

北村先生が、高校2年と3年の時に、学級担任をしていた女子生徒が卒業後、数年経って北村先生に手紙を送ってきました。しかも、その手紙は便箋4枚にびっしりと書いてあったそうです。

その手紙には彼女の近況と高校時代の思い出などが綴られていたといいます。その中で、北村先生が彼女を担任した二年間、『ありがとう&ええとこカード』という活動を学級内でしていたことが書いてありました。

『ありがとう&ええとこカード』は、クラスの生徒全員がそのクラスの一人ひとりに、「ありがとう」の気持ちやその人の長所を書いてもらった後に回収し、そのカードを担任である北村先生がまとめて本人に渡していくという活動です。

彼女はこの「ありがとう&ええとこカード」を大切にしていたのです。このカードのおかげで自分の長所がわかり、大学受験の時や就職活動の時などの面接で、自信を持って話すことができたとその手紙には書いてあったのです。

教育とは、その時にすぐに効果や結果が出なくても、何年かしてから学んだことが湧き上がるように思い出され、行動に移すことが多くあります。

実は、北村先生はあまり効果が出なかったので、一時期この活動を休止していたそうです。しかし、北村先生は教え子からの手紙で、この活動をおこなう大切さを知り、その年から再び「ありがとう&ええとこカード」を始めたそうです。

教え子が卒業し、数年後にこのカードの大切さに気づき、その気づきを担任であった北村先生に伝えた。そして北村先生も気づいたのです。この活動の深い役割を。

教師は生徒を教えているのですが、生徒から教えられることが多くあるのです。まさに、教師の教師は生徒なのです。

以前教育現場の上司に、「教育は漢方薬のように、じっくりとじっくりと効果が出るもんだ」と、まだ若い教員時代に言われたことがあります。また、「教育は盆栽に似ている」と教えてくれた上司もいました。枝を急に曲げると折れてしまう。そっとゆっくりと枝の進むべき方向を針金で支えながらサポートしていくことは教師と生徒の関係に似ています。目の前にいる子どもたちに指導しても、教えたことが翌朝、すぐに効果が出たりするものではないことは、教師ならだれでも経験があるものです。だから教師は未来を見据えて針金のように支え続けることが大切なのです。

子どもたちから生まれた「清掃」実践

ある日、北村先生のスマートフォンに生徒からメッセージが届きました。そこには「先生、何かいいボランティアはないでしょうか」というものでした。

生徒の実践希望に喜んだ北村先生は、「今度、京都の木屋町通りで『新洗組』（しんせんぐみ）というおもしろい清掃活動があるから、行かへんか？　めっちゃいいで」とすぐに返信をしました。生徒からもすぐに「友だちも誘って行きます！」と返信がきたそうです。

でも、北村先生の住んでいるところから6時開始の京都掃除に参加するには、朝4時半には出発しなければなりませんでした。11月末の早朝、北村先生の勤務している高校に集合した教え子たち。吐く息は真っ白の中、3人の教え子が集まったそうです。

京都に着き、街頭清掃へ参加した3人の教え子たち。掃除をしている姿を見ていると、とても良い顔をしながら箒で道路を掃いていました。約40分間、彼らは掃除に没頭しました。

帰りに、彼らはそれぞれの想いを話しました。「気持ちよかった」「また、掃除に参加をしたい」「大学時代の今の時間を無駄にしたらあかんと思った」と。高校を卒業しても、教え子とつながっている北村先生です。きっと教え子は北村先生のところに来ると懐かしく心が落ち着くのでしょう。


北村先生の活動は様々です。今では、北村先生といえば「掃除」「ハガキ」「学級通信」と思う方が多いようです。しかし、北村先生の心の中には複雑な想いがあります。

この三つを一番にしてしまうと、「これが正しいことだ」「こうしていれば正解だ」となってしまうことです。すべてのものは正しさを主張するのではなく、一つの考えとしておきたいというのです。「正しいからやろう」ではなく、「楽しく、気持ちよく、仲良く、ワクワク」という気持ちで実践をしていきたいという想いなのです。

実践を積んできた北村先生だからこそ、あれこれ縛られるのではなく、ものごとを幅広く見て活動をしてきたのです。実践から生み出されるものは、次への実践と柔軟な思考なのです。

多くの学びの中から様々な活動を始めている北村先生ですが、その原点はなんなのか不思議に思いました。そこで、北村先生の学びの原点をお聞きしてみました。

人生を変える出会いは人それぞれにあります。その中で「尊敬する人」に出会って人生が変わってきたというケースは多いものです。私にとっては教育者である山田先生との出会いが大きなものでした。そして、北村先生にとっては、原田隆史氏との出会いが人生を大きく変えていったそうです。

北村先生は28歳の時、原田氏と出会い、それから約10年間原田氏から学び、その学びを実践してきました。原田氏との出会いから北村先生の人生観、価値観は大きく変わっていったのです。北村先生は、その学びをその都度教育に生かしていきました。

また、学び続けた10年間にたくさんの人とのご縁もできました。人とのつながりは大きな財産です。同じ想いの仲間が自然に集まり、共に意識を高めていくのです。

想いを同じくする仲間は、活動の原動力になります。アドバイスしあい、刺激しあい、お互いに成長をしていく仲間であり、よきライバルとなります。原田氏の塾に通いながら切磋琢磨を続けた北村先生は、いつしか自分の想像を超えた意識のレベルまで高まっていきました。

北村先生にとって原田氏と仲間との学びは、まさに人生を変える10年間だったと思います。学びが人を繋ぎ、繋がった仲間と新たな活動が始まるのです。それが、『虹天塾近江』だったのです。学んだことを活かして、仲間と一緒に作り上げた『虹天塾近江』だからこそ、北村先生の大きな誇りと活力源となっているのです。

自分の心に問いただす「複写ハガキ」

北村先生はまさに実践者です。学級担任としても学校以外の活動でも、様々な場面で素晴らしい活動をしています。

その中の一つに、「複写ハガキ」という教えを長年続けられています。ハガキの上にカーボン紙を置き、その上に薄い紙を置き書いていくのです。この薄い紙は冊子になっていて、書いたハガキの内容がすべて残るようになっているのです。

北村先生は「複写ハガキ」と出会い、たくさんの方にハガキでメッセージを書くようになりました。同志の方、生徒、保護者、実家の両親、家族にもどんどん書いてきました。この複写ハガキの伝道師といわれている、坂田道信氏との出会いやその学びは北村先生の人生を大きく変えました。

坂田氏は北村先生に、「もうすぐ通信簿を渡すだろう。その時に原稿用紙いっぱいにその生徒の良いところを書いて渡してあげてごらん。それから、『あなたのご両親の育て方が素晴らしいのだと思います』というように保護者の方の良いところも書くといいよ。あと、生徒に書いたその文章は複写かコピーで残しておいてくださいね」と教えられました。

北村先生は、坂田氏の言葉をすぐに実践しました。その時の学級の生徒は41名。来る日も来る日も、北村先生は41名の生徒一人ひとりを思い浮かべながら、文章を書き続けました。そして修了式の日に、北村先生はそれらを手渡したのです。「まるで卒業証書を渡すような気分だった」と北村先生は言います。

しばらくたったある日、坂田氏から一通のハガキが来たそうです。そこにはこう書かれていました。

「生徒への文章ご苦労様でした。その苦労はむしろ誰にも知られなくても良いのですよ。これがハガキ道の『書かせていただく』ということなのです」と。北村先生のクラス全員を想う気持ちが嘘偽りないことが、この文章を書くという作業で確かなものになったのです。それを教えてくれた坂田氏の学びに、北村先生は涙したといいます。

当日、41名クラス全員に通信簿と原稿用紙を手渡していく姿は、きっと生徒にとって一生忘れられない思い出となったと思います。この日の全ては生徒にとって宝物になったことは間違いありません。

それだけではないと思います。この北村先生の文章で人生を勇気づけられ、自分の親の素晴らしさを知り親孝行をして、よい家庭を築いていく生徒がきっと何人も生まれると思います。

教育とは、その期間だけの指導ではないのです。その時々で生徒の心に種をまいていくことなのです。その種が、人生の素晴らしいタイミングで芽を出すものなのです。

「大切なことは、みんな子どもたちが教えてくれた」

牧野 直樹 先生

牧野 直樹（まきの なおき）
１９８０年生まれ、千葉県出身。長野県岡谷市立上の原小学校教師。長野県にて特別支援教育に尽力する。また、特別支援教育士として、他県等での特別支援に関する講演を行う。子どもたち、保護者からの信頼度は抜群。生徒と真っ直ぐに向かい合い、生徒と作り出す感動的なドラマは数限りない。子どもたちと同じ目線で子どもたちを見つめ、子どもたちの発見したものにもいっしょにワクワクしている牧野先生の姿がある。

出会いは突然に

牧野先生との出会いは、新潟県でおこなわれた、『あこがれ先生プロジェクト』で私が講演をした時でした。大きな会場での講演でしたが、その会場の観客席にいた一人が牧野先生でした。その時、牧野先生は初めて私を知ったそうです。ステージにいた私は気がつきませんでしたが、間違いなくこの時が二人の出会いとなったのです。この講演を終えて、会場のフロアーで牧野先生とお会いしたのですが、その後、再び会う機会ができたというのは奇跡なのかもしれません。

牧野先生との再会は、牧野先生がお住まいの長野県で開催された、トイレ掃除の集まりに参加した時のことです。その前日に私がある小学校でミニ講演をおこなった時、その講演会場に牧野先生がいて手を振っているのです。突然の再会に私は驚きました。

新潟での講演と違って、少ない人数での講演でしたので、ステージから私の正面に牧野先生が座っているのがわかりました。最後にいくつもの質問をしていただいたことからも、真剣に私の話を聞いてくれていたことがわかりました。

この時、初めて牧野先生とたくさんの会話をしました。そしてその夜には一緒に酒を交わすほど意気投合していたのです。なぜこんなに意気投合したのだろうかと考えた時、それは牧野先生の人間性に引き寄せられたからだと思いました。

そして後日、牧野先生の子どもとの関わり方を聞き、私と共通するものを見つけたのです。意気投合するには目に見えない理由があったのです。すべての出会いは会うべき時に生まれるようになっているのです。

子どもからの学びを糧に

以前、中村文昭さんからこんなことを聞いたことがあります。「『あこがれ先生プロジェクト』に登壇する先生は、全国どこにいる先生もみな同じことを言う。それは『私は子どもたちから教えられている』と。不思議ですが本当です」といわれていました。

牧野先生も「子どもに気づかされた」「子どもに教えられている」とよくいわれます。そんなエピソードの一つをお聞きしました。

牧野先生が、特別支援学級で授業をおこなった時のことです。クワガタの絵を描くのが好きな子どもがいました。ただ、授業中でも彼はクワガタの絵をずっと描いていたそうです。

そこで牧野先生は「今はクワガタを描く時間ではない」と注意するのではなく、「クワガタの絵、上手だね。続きは休み時間に描こうか」と伝えました。

牧野先生は、叱るのではなく、まず子どもが描いている絵を上手いとほめ、そして「それは今やることではないんだよ、あとで描こうよ」と声をかけているのです。しかし、彼は何度もこの行為を繰り返したそうです。それでも牧野先生は叱らずに、繰り返し彼に「上手だね、あとでまたやろうね」と声をかけ続けたのです。

原学級の授業でも、彼はクワガタの絵を描いていました。教室にいた牧野先生は、「授業中にクワガタの絵を描いていたら学習していることが頭に入らないよ。それに、授業をしている○○先生にも失礼になると思うよ」と声をかけました。

ここでも牧野先生は決めつける発言をしていないのです。「私はこう思うよ」と声をかけ、「あなたはどう思う？」と言うように子どもに判断をさせようと声をかけているのです。

すると、ついに彼が口を開きました。「僕、知っているよ」。

彼の答えを聞いて牧野先生は驚いたそうです。彼は授業中に描いてはいけないと知っていて、ずっと描いていたのです。わかっているけど描いてしまうのです。

牧野先生は、彼の行為を注意するのではなく、彼の心に気づこうとしていました。彼の

「知っている」という返事に牧野先生は「授業中にクワガタの絵を描いていてはいけないこと、それを知っているにもかかわらず、描いてしまう。そうせざるを得ない僕の事情、わかってよ」と彼が訴えているような気がしたそうです。必ず子どもの行為には理由があると知っている牧野先生です。その想いを彼に話したのです。

「そうだよね。授業中にクワガタの絵を描いてはいけないこと、知っているよね。本当は授業を受けたいんだよね。先生は○○君が『わかった、できた、楽しい』と感じられるようにしたいんだ。先生の授業を受けて、思っていることを教えてもらえないか」。

牧野先生は彼が授業中にクワガタを描くのは、自分の授業のあり方がよくないからではないだろうかと思いました。だから、直接本人に思っていることを聞いたのです。彼は拙いながら牧野先生に思いのたけをぶつけたそうです。

彼の行動は、それから劇的に変わったといいます。牧野先生は、「彼の『知っている』という一言で変わったのは子どもではなく、教師である私だったのです。そのことを彼は教えてくれたのです。大切なことは、みんな子どもたちが教えてくれるのです」といいます。

牧野先生は子どもと関わりながら、子どもの心の中の声に耳を傾け、常に子どもから学ぼうとしているのです。私は、彼が牧野先生に話したことが気になりました。どんなことを彼は牧野先生に伝えたのか牧野先生に聞いてみました。

彼は「牧野先生は話が長い」「授業の内容に興味が持てない話がある」「ずっと座っているのが退屈」「ノートに書くのが面倒になっちゃう」など、牧野先生の授業について感じていることを素直に全て話してくれたのです。

そこには、どんなことを話しても叱られないという牧野先生と彼との信頼関係があったからでしょう。もしも牧野先生が彼を叱って、クワガタの絵を描くことを強引に止めさせていたら、牧野先生の授業は変わらずに、そして彼の様子もずっと変わらなかったでしょう。

また、彼が変わった理由には、牧野先生の謙虚さもあったと思います。牧野先生は素直に話してくれた彼に「ありがとう」と感謝しました。教師が子どもに心からお礼を伝えたのです。それを見た彼は「自分も素直になろう」と思ったに違いありません。

謙虚に子どもから学ぶ姿勢、そして子どもの行為を上辺で判断せずに、その心を知ろうとしている牧野先生の姿に本当の教師像を見た気がしました。

なんだか最近授業が面白くなった!

牧野先生は彼の言葉を参考に、子ども視点で授業を根本的に見直し作り直しました。牧野先生の授業は大きく変わりました。子どもたちが「なんだか最近の授業は面白くなった！」と、気づくほど具体的に変えたといいます。

牧野先生は、授業の中に画像や動画をどんどん取り入れていきました。もちろん、クワガタのイラストも使いました。牧野先生はこうして彼の言葉から授業の中に取り入れました。また、友達同士で相談する時間などを授業の中に取り入れました。牧野先生はこうして彼の言葉から授業を変える努力をしたのです。その気持ちは彼にも伝わり、気づくと彼は授業中にクワガタを描かなくなっていたといいます。学習への意欲も、授業中の姿勢も変わったのです。

牧野先生は小学3年生から彼の担任として彼と関わってきました。その彼が、「中学校に入ったら通常学級でやっていきたい」と牧野先生に言ったのです。彼は自分の障害についてわかっていたのです。「ＡＤＨＤとかアスペルガーの子でもここまでやるというのを見て欲しい」と牧野先生に無言で伝えたのです。

「特別支援学級で学び続けても、こんなに幸せになれるってことをみんなに伝えたいんだ」と牧野先生はいつも言います。

ＡＤＨＤやＬＤ、ＡＳＤの子どもたちとたくさん出会ってきました。その中で牧野先生は常に子どもたちから学び、自らを成長させてきました。教師の成長は子どもの成長につながります。学ぶ姿勢を続けてきた牧野先生の成長により、クラスの子どもたちもどんどん変わってきたのです。

大切なのは子どもの目線で物事を見るということ。子どもの目線で見ることで、新たな気づきが生まれ、今まで自分の目線では気づかなかったことにも気づくようになっていくのです。牧野先生と会話をしている時や、行動を共にする時など、あらゆる局面で牧野先生は相手の立場を考えて、行動をしていることに気がつきます。

人の立場で物事を考え行動できる牧野先生は、常に周りを幸せにする努力を続ける方なのです。

今を変えれば未来も変わる

ずっと子どもに学ぶという姿勢を続ける牧野先生ですが、それは最初からあったものではなかったそうです。ある時、牧野先生が子どもから学ぶことに気づいたきっかけを聞きました。

教員になった20代の頃、牧野先生は学級経営がうまくいかないことが続いたのです。学級経営だけでなく、授業や子どもとの関係も苦労をしていた時期でした。

今の牧野先生からは考えられないのですが、当時は、一生懸命にがんばっているのに全て空回り、その理由を他人のせいにしていたのです。目の前にいる子どものせいにしたり、保護者のせいにしたり、職場の仲間のせいにしたりして、「どうして俺のことをわかってくれないのだ」と思い続けていました。

そんな時、ひとつの事件が起きたのです。牧野先生のクラスの子どもが授業中に教室を飛び出していったのです。必死の形相でその子どもを追いかけて行った牧野先生。その姿を見て当時の学年主任の先生が、「あとは、任せて」と牧野先生に声をかけ、牧野先生の学級に入り授業を続けたそうです。

飛び出した子どもを追いかけ、落ち着いた場所で牧野先生はその子と話をしました。子どもが落ち着き一緒に教室に戻った時です。自分の学級の授業の様子がいつもと違うことに気がついたのです。

学年主任の先生が、自分のクラスの子どもたちと楽しそうに授業をしているのです。同じ子どもであっても担任である自分がおこなっていた時の授業とは全く違うのです。教師が変われば、こんなにも子どもが変わるのかと思い知らされたのです。

牧野先生はこのクラスの雰囲気に衝撃を受けました。「これまで俺は、授業や学級経営がうまくいかないのを子どもや周りの人のせいにしてきた。でも、その状況を作り出していたのは自分だったんだ」と。そして、トイレに入って涙がなくなるほど号泣しました。

今までの自分の想いや行動が、すべて間違っていた。うまくいかないのは自分に原因があったのだとわかり自分に腹が立ったのです。「自分のクラスのこの状況を作ったのは、子ども達ではなく、自分だったのですね」。その想いを学年主任に伝えました。

人は必ずうまくいかない時に、それを解決するドラマが起きるものです。その時、学年主任の先生は、牧野先生へこんな一言を伝えました。

「子どもの認知特性は変えることができないんだ。でも教師は学習環境や関わり方などいくらだって変えることができるんだ。教師が変われば子どもだって変わっていくんだよ」。そして最後に、「今、うまくいっていないのは、過去にしてきたことの結果です。だから今を変えれば未来は変わるんだよ」と教えてくれたのです。

この素晴らしい一言がきっかけとなり、今の牧野先生に変わっていきました。牧野先生は学年主任となった今でも、当時の学年主任の言葉を忘れることなく教壇に立っています。

子どもの可能性を信じ、指導者が変わることで子どもはさらに成長していく。そう信じて牧野先生は指導を続けています。

その想いから子どもを指導する時、常に意識している言葉があるといいます。子どもがどんなに良くない行為をしても、必ず最後には「自分をダメだと思っていないか？　そんな風に思わなくてもいいいんだよ。あなたは素晴らしいんだから」と子どもに伝えています。さらに「これからたくさんの力をつけて、これからたくさん出会う人の力になるんだよ」と声をかけます。どんなに叱られても、子どもたちはこの言葉で夢と勇気を与えられるのです。

驚くべき子どもたちの感性

牧野先生のクラスの様子を聞くと、子どもたちが起こすドラマがたくさんありました。それは普段から牧野先生が子どもたちの自主性を大切にしているからです。牧野先生に、こんな感動的な話を聞きました。

牧野先生のクラスでは※『福島ひまわり里親プロジェクト』に取り組んでいます。震災にあった福島県の再興のために、各地の学校や企業などでひまわりの種を買って育てる活動です。

※福島ひまわり里親プロジェクトについての詳細は、NPO法人チームふくしま／著、半田真仁／文の『ひまわりが咲くたびに“ふくしま”が輝いた』（ごま書房新社）を参照）

『福島ひまわり里親プロジェクト』に参加した年、クラスの子どもたちは一生懸命にひまわりの種を蒔きました。でも、芽が出てこないのです。種を蒔いたあたりをよく見ると、何かに土を掘られた跡がありました。子どもたちはひまわりの種を撒いた花壇にカラスが来ていたことを思い出しました。「どうしたらカラスに種を食べられずにひまわりが花を咲かせるんだろう」。この事件に子どもたちは話し合うのです。

子どもたちの発想力はすごいです。カラスがひまわり畑に来ないために「かかしを作ろう」「風車を作ろう」「キラキラしたテープを張ろう」などたくさんのアイデアがでてきました。驚いたのは「カラスに手紙を書こう」というのです。「この種は福島の大切な種ですので、食べないでください」と。

クラスの子どもたちはもう一度、ひまわりの種を花壇に蒔きました。そして休み時間のカラスパトロールが始まりました。毎日毎日子どもたちはひまわりの種を撒いた花壇に通ったのです。

そんな子どもたちを見ていて、牧野先生は、「子どもって、何かあれば、どうしたらよいか、どうすればうまくいきそうかと一生懸命に考えるんです」と言います。クラスの関係が充実してくると、こんなドラマが生まれるのです。何かをすれば何かの問題が起きます。その問題に取り組み、乗り切っていく中でクラスが成長していくのです。

このひまわりのドラマはさらに続きます。二度目に蒔いた種は芽を出し、成長し、花を咲かせました。咲いた花をみんなで見ている時、一人の子どもはつぶやきました。「カラスさんが種を食べてくれたおかげで、二回も種まきが楽しめたんだね」と。それを聞いた他の子どもも「そうだよね。カラスさんありがとう」といったそうです。

牧野先生は、「子どもたちは、うまくいかなかった出来事でも、素敵な出来事に置き換えることができる。子どもたちの感性に驚かされる毎日だ」と言います。

ひまわりからはまだまだたくさんのドラマが生まれました。芽を出し、大きく育ち、花が咲くまでの間、牧野先生のクラスの子どもたちは、ひまわりの成長とともに大きく成長をしたのです。

成長していくひまわりに子どもたちが声をかけ、その成長ぶりを牧野先生に伝え続けてくれます。「あのひまわりの茎、折れそうだね。何かで支えようよ」「あのひまわり、つぼみになったよ。もうすぐ咲くんだね」。

そして子どもたちは、ある日から成長していくひまわりを絵に描き始めたのです。大きな花を咲かせたひまわりの絵、折れそうになっても支えられながら咲いたひまわりの絵。どの絵も一生懸命に咲いていく強いひまわりの姿でした。

風や雨にも負けず、花を咲かせたひまわりを見て、「ぼくもこのひまわりみたいに伸びていきたい」とつぶやいた子もいました。

まさに、ひまわりとともに子どもたちの心が育っていったのです。

ひまわりに教わった命の巡り

夏が終わりそうなある日、ひまわりは花から種を見せはじめました。一輪一輪の花がたくさんの種をつけました。「たくさんの種をつけたのだから、もう少しこのままにしておきたいよ」と子どもたちはつぶやきます。大切に育ててきたのだから、ひまわりがなくなるのが寂しかったのでしょう。葉が落ち、茎だけになってもひまわりは花壇にありました。子どもたちはそんなひまわりを寂しそうに毎日見ていました。

ところが、ある子どもが大発見をしたのです。茎のところから本当に小さな黄色い花を咲かせていたのです。「奇跡のひまわりだ！」と、子どもたちは大はしゃぎです。

夏から秋になり、そして冬がやってきました。雪が舞うほどの寒い朝でした。一人の子どもが大きな声で牧野先生を呼び続けていました。驚いて窓際に行き、子どもが指差す花壇を見ると、夏に咲いていたひまわりの花壇から芽が出ていたのです。この寒い冬に、夏に咲いたひまわりの種から芽を出したのです。

子どもたちはその芽のところに駆け寄りました。そして「この芽、寒いよね。温かな教室へ連れて行ってあげようよ」と教室へ持っていきました。その芽を鉢に植えかえて、ストーブで暖まる教室の中で大事に育てました。ひまわりはぐんぐん育ちました。

そしてなんと2月になった頃、ついに花を咲かせるのでした。子どもたちは、また嬉しそうに名づけます。「冬のひまわりだ」と。

ひまわりの種を蒔き、カラスにその種を食べられながらも、雨や風に耐え、花を咲かせたひまわり。花がなくなり、種となっても子どもたちにメッセージを伝え続けたひまわり。そのメッセージに子どもたちが気づき、心優しく成長をしていく。

牧野先生の学級でのドラマが見えてきます。ドラマは子どもたちとひまわりが主役ですが、主役たちを引き立てるように、その陰に牧野先生がいるのです。

子どもたちへの言葉がけ、そして子どもたちの発見に一緒になって感動している牧野先生であったからこそ、こんなに素晴らしいドラマが生まれたのです。子どもたちも一生忘れない出来事でしょう。

教師が変われば子どもが変わる。大人が変われば子どもが変わる。大切な子どもたちを本気で教育している教師に出会えました。

「やまびこのように、こだまのように生徒と向き合う」

佐藤 健二 先生

佐藤 健二（さとう けんじ）
１９６５年生まれ、群馬県出身。群馬県高崎市立佐野中学校教師。
やまびこ会（全国教育交流会）を主宰した山田先生との交流があり、佐藤先生のクラスの生徒と山田先生との交流にまで広がっていった。生徒からの信頼度は抜群で、生徒と共に学校行事に取り組む姿は感動的である。やまびこ会（全国教育交流会）のホームページを管理している。
・やまびこ会ＨＰ　http://www29.atwiki.jp/yamabikokai

対面しなくても心は通じ合える

現在、『やまびこ会』の中心メンバーで、主にホームページや広報を担当してもらっているのが佐藤先生です。その出会いは、山田先生の一言で生まれたと言っても過言ではありません。

『やまびこ会』を主宰し、当時代表でもあった山田先生が体調を壊し、闘病生活を送ることになった頃です。ある日、入院中の山田先生から私と当時『やまびこ会』を時々手伝ってくれていた群馬県の新井国彦先生が呼ばれました。そして、山田先生から、「中野さんに代表を、そして新井さんに副代表を頼む」と言われました。この時から二人で一緒に『やまびこ会』を動かすことになりました。

闘病生活を始めた山田先生は「これからの時代はインターネットの時代だ。ホームページを作って、多くの人に伝えていく必要があるんだよ」とよく言われていました。そして、「なんとか早いところ『やまびこ会』のホームページを作ってくれ」と、病院のベッドの中から、私と新井先生に繰り返し伝えたのです。ところが、私も新井先生もホームページの作り方など全くわかりません。そんな時新井先生が、「パソコンに詳しい先生がいるから相談をしてみる」と言ってくれたのです。その方が佐藤先生だったのです。

佐藤先生はインターネットに精通しており、私と新井先生の要望を聞きながら『やまびこ会』のホームページを即座に立ち上げてくれました。驚くべきことに佐藤先生は、その時点では山田先生はおろか、私にも対面していませんでした。メールのやり取りだけで、佐藤先生は私たちの様々な要望をしっかりと聞き入れてくれて、ホームページを作成してくれました。

当時のホームページ作成はとにかく、集中作業ですごい勢いでおこないました。私がメールでいろいろなことを要望すると、佐藤先生はそのすべての答えを具体的にすぐに返信してくれます。

私の言葉が足りないところは、佐藤先生が自分の解釈を添えて、返信してきてくれました。パソコン素人の私の言葉での指示はきっとわかりにくく、隣に座っていても伝わるかわからない状況でしたが、佐藤先生はメールのやり取りだけで、完璧な状態のホームページを専用ソフトも使わずに完成させてくれました。

その後、山田先生は、やまびこ会の機関紙の編集や執筆ができなくなると、病床から『ホスピスからのはがき通信』を書き始めました。カラーイラスト入りのそのハガキ通信を私が病院へ行った時に手渡してくれたり、時には病院内の郵便ポストへ投函し、私の家に送ってこられました。

そのハガキを私が自宅のスキャナーで読み込み、ホームページにアップロードするのです。インターネットの知識など全く知らなかった私が、アップロードまでできるようになったのも、全て佐藤先生のご指導のおかげでした。

このように、佐藤先生は職場での自分の仕事を終え帰宅してから、ひたすら『やまびこ会』のためにホームページ作りを続けてくれたのです。

そんな佐藤先生に早く会いたいとずっと思っていました。やまびこ会のホームページが立ち上がり、今度は山田先生の資料や『ホスピスからのはがき通信』などをどんどん載せ始めた頃です。闘病生活をしている山田先生の病院へ行くと、新井先生の横に見知らぬ方が座っていました。

「あれ、佐藤先生?」。私はその方の雰囲気から、そんな気がして思わず声をかけました。すると、『初めまして佐藤です。お会いしたかったですよ中野先生』と握手を求めてきてくれました。ようやく念願の対面となり大興奮しました。ずっとメールのやりとりをしていたので全く初対面とは思えない感覚で、その時は時間を忘れて話し込みました。

佐藤先生は、初めて会った時の私の印象を「思った通り情熱たっぷりな人だ」と笑いながら言いました。思った通りとは、ホームページの作成のために二人でメールのやり取りしていたときの印象でしょう。私は心の中で、「熱意だけはたっぷりのしつこい文章だったので、暑苦しい人と思われていたのかも知れない」と思い苦笑しました。一方、私の佐藤先生の想像は「切れ者でとてもスマートな方。でも胸に熱い情熱を秘めている方」。会ってみてまさに想像通りの方でした。

人は見た瞬間に、その人の人間性がわかる時があります。しかし、会わずとも何度も連絡を取り合い、お互いの人間性が見えてくることもあるのです。それほどに佐藤先生と私は、日夜問わずメールでお互いの裸の意見の交換をしていたのです。

子どもたちの心情を深く知って

佐藤先生の細かい気配り、心遣いは学級担任、学年主任としても発揮されています。何より子どもが好きなのです。学年主任をしている時も、生徒と近い距離にいる担任が羨ましく思っていたといいます。

教師になる方は一番苦労が多い一方、一番喜びも多い学級担任になりたくて教師になっている方が多いものです。生徒と一番近い距離にあり、日々真剣に関わることができる学級担任は、教師であるならば生涯続けたいと感じるものです。現在は校長職を務める私も、「やはりもう一度だけでいいから学級担任をやりたい」と今でもずっと思っています。子どもたちと真剣に関わり、喜びを分かち合う。そこにたくさんのドラマや感動が生まれます。私の学校内での感動ドラマは、著書『熱血先生が号泣した！　学校で生まれた〝ココロの架け橋〟』に書かせていただきましたが、佐藤先生の学級でもたくさんの感動が生まれています。

学級担任は90％辛いことがあっても、残りの10％の感動が生まれることで、やりがいを感じるものです。私も随分と学級担任を続けましたが、生徒が信頼する教師像は、「ダメなことはダメと言ってくれる厳しさと、全てを受け入れてくれる優しさを持っている教師」なのではないかと思っています。ダメなことはダメと思春期の子どもに伝えると、子どもはダメとわかっているけど反発をしてきます。でも最後までダメなことをダメと言わないと、子どもたちの教師への信頼が揺らいでくるのです。

佐藤先生は学年主任になって、担任と生徒との関係をじっくりと見ていたのでしょう。ある時ぽつりとこんなことをいっていました。

「合唱コンクールの時、担任と生徒とで一つの曲を作り上げていきますよね。生徒が頑張っている時も辛い時も一緒にいる。だいたい何か問題が起きて、でもそれを乗り越えて一つの曲を作り上げる。だから合唱コンクールの当日、生徒の一生懸命な歌声を聞くとそれまでの日々を思い出して感動で涙が出ると思うんですよ」と。だから合唱コンクールという一つの学校行事には、担任と生徒のドラマが生まれるのだと分析したそうです。

でも、学年主任になった時は違うそうです。どのクラスも励まし続けるのは同じですが、直接関わる問題は起きませんし、合唱コンクール当日は審査員席。発表時の生徒と喜びや涙を共に流すことはないのです。それが寂しいというのです。また、教師の姿勢について、「行事の時だけでなく、担任は常に真剣に生徒に寄り添い関わっていけば、どんなことも良い方向へ向かっていくんですがね」と言われていました。

こんな風にどんなことも分析してしまう佐藤先生には、常に深い思考で物事を見ている方なのだなと感じます。

『生徒と共に、感動のドラマを作り上げる』

佐藤先生にはインターネットやパソコンについて、様々なことを教えていただきました。その技術を仕事にも活用していますが、特筆すべきはパソコンでの「動画編集」です。佐藤先生は、学校内で活動する生徒の写真をたくさん撮り、各学期末にそれをムービーにして上演会をおこなっているのです。

この動画編集は、単に写真を並べてスライドショー的な写真を紹介するのではありません。写真にストーリー性を持たせ構成しているのです。さらにそのストーリーに合うＢＧＭまでつけます。

今では、佐藤先生の編集した映像上演会は生徒たちが楽しみにして、まるで新作映画が公開されるかのように期待をされているそうです。その期待通り佐藤先生の映像上演会で生徒は毎回笑い、涙しています。

多くの生徒が映像を見た日の夜、生活ノートに「感動しました」とか「涙が出ちゃいました」などと書いてきます。そのためこのムービーは生徒から通称で、『あの、涙が出ちゃうやつ』と呼ばれているそうです。

また、佐藤先生はムービーにちなんだ、次のようなエピソードを語ってくれました。

ある年の体育祭。前評判では、「長縄跳びは佐藤先生のクラスがきっと優勝する」といわれていました。それまでの練習会では、いつも他のクラスとは大きく差をつけてトップの成績を出していたからです。しかし、本番ではなんと最下位の成績となってしまいます。

敗因の一つの理由として慢心もあったと思います。生徒たちは落ち込みました。全員が肩を落とし「もうだめだ」といい、担任の佐藤先生も同じ気持ちでした。

ところが、次にある最後の種目までのわずかな時間で、子どもたちは気持ちを取り戻します。会う生徒、会う生徒が、「俺たち、絶対に次こそはやりますよ！」といってくるのです。その言葉だけで、佐藤先生は涙を抑えられなかったそうです。

そして、最後の種目の全員リレーが始まりました。そこには、大縄跳びの時とはガラリと顔つきが違う生徒たちがいました。歯を食いしばり必死に走る姿を、佐藤先生は目に涙をためながら必死にカメラのファインダーに収めました。

でも、他のクラスの生徒だって必死です。抜きつ抜かれつのデッドヒートとなりました。アンカーにタスキが渡った時、佐藤先生のクラスは僅差で3位でした。でも、「これまでのみんなの想いを絶対に優勝につなげるんだ」と、アンカーの生徒は必死の形相で前へ前へと突き進み、前の二人を抜いて1位でゴールテープを切ったのです。佐藤先生は涙がとめどなく溢れて、カメラをブレさせないようにするのに必死だったそうです。

佐藤先生はこの感動体験をムービーにしました。正直、必死の姿の時はみんなすごい顔をしているんですが、それが実はものすごく格好いいといいます。それは、その時の頑張って走り切ったことを知っている生徒が見るから格好いいのです。このムービーの上映会をした時にみんなで流した涙は、佐藤先生のクラスで一番の大切な思い出となりました。

佐藤先生は生徒の一生懸命な姿を自らも感動しながら記録し続けているのです。感動体験は心に残ります。その感動体験を映像で再び目に焼き付け、一生懸命やることが格好いいと思えることを知った生徒たちは成長していきます。感動は人を育てるのです。

佐藤先生は、こうして生徒の心の中に仲間と一緒に頑張ったことを忘れてはならないと、映像を使い生徒へメッセージを贈っているのです。

「やまびこ」のようにありたい

佐藤先生と山田先生は出会うべくして出会ったのです。そのきっかけは、実はホームページ作りより前でした。その2年前より、山田先生から大きな学びを受けていたのです。

佐藤先生は、学級担任として学級通信を発行していました。ある時、その学級通信に山田先生が書かれた感動的な詩を載せようと思いつきました。学級通信に載せる前に山田先生に許可を取るために、新井先生経由でメールを送りました。その一通のメールから出会いが生まれ、人生を左右するほどの繋がりになっていったのです。

佐藤先生の「詩を使わせてください」というメールに対し、山田先生は了解しただけでなく、「これから出す学級通信を、全部読みたいので送ってください」と返信したそうです。それから、佐藤先生と山田先生のメールでの交流が始まったのです。

もし、山田先生が佐藤先生からの「詩を使わせてください」というメールに対し、「どうぞ使ってください」とそれだけの返信でしたら、その後の交流は生まれなかったでしょう。山田先生も佐藤先生と同じように、出会いを大切にしていたからこそ、佐藤先生の人生に大きな影響を与えるご縁が生まれたのです。

佐藤先生はそれから、発行する学級通信を全て山田先生に送りました。すると、山田先生は亡くなる直前まで、必ず感想やアドバイスを送ってくれました。佐藤先生は言います。「山田先生に、学級通信作成のイロハから教えていただいた。山田先生はまさに私の学級通信の師です」と。

出会いを大切にする人間同士だからこそ、その出会いから何かが生まれるのです。

佐藤先生は山田先生が入院をした時、まだ実際には会っていないにも関わらず、元気になってほしいとの願いから千羽鶴を折り始めたそうです。佐藤先生からの「詩を使わせてください」という山田先生への一通のメールから始まった二人の関係は、それほどまでに深まっていたのです。佐藤先生は山田先生の回復を願い、一生懸命に鶴を折り続けました。

佐藤先生は学級通信で山田先生のことを生徒に伝えていました。すると、山田先生とは見ず知らずながら、「山田先生の回復を願って鶴を折りたい」と言ってくる生徒が出てきたそうです。

みんなで折った鶴は、佐藤先生が大みそかの晩に針と糸を使い、一羽一羽つないでいきました。こんなにも佐藤先生は山田先生のことを想い続けていたのです。佐藤先生が、学級通信に載せた詩を紹介します。これは今も『やまびこ会』のホームページに掲載されています。

やまびこには
音がある　声がある
むこうの声は
こちらの山で　はねかえり
こちらの声は
むこうの山で　はねかえる

子どもの教育も
やまびこのようでありたい

親のねがいは
教師の山から　子にはねかえり
子どものねがいは
教師の山から　親にはねかえり
教師のねがいは
子どもの山へ　親の山へと
ひびきわたる
やまびこは　こうありたい
（作　山田暁生先生）

佐藤先生はこの詩を読み、感銘しすぐに『やまびこ会』へ入会する決意をしました。そしてこの詩から、佐藤先生は教育のあり方に対する想いがより強まったのです。「やまびこのように、こだまのように、学級通信をもっと生徒へ、保護者へ発信していこう」と決心したのです。そして、この詩を作った山田先生を尊敬し、ぜひ会いたいと思ったといいます。新しい年を迎え、佐藤先生は完成した千羽鶴を段ボールに入れ、山田先生が入院している病院へ送りました。山田先生は、病室に届けられた大きな段ボールに驚いたそうです。でも、その怪しげな段ボールを開けてみると、そこには佐藤先生のクラスの生徒が折った千羽鶴が入っていました。山田先生は病室から佐藤先生へすぐにはがきを送りました。

さらに山田先生は嬉しくて、嬉しくて、その千羽鶴を病室に飾るだけでなく、自分の首に巻いて、その姿を写真に撮ってくれと言いました。そして、その写真を『ホスピスからのはがき通信』に載せ、機関紙や『やまびこ会』のホームページにも載せたのです。これは病室で何もお返しができない山田先生に、その時にできる一番の感謝の気持ちだったと思います。

「人と人の出会いは、人生を豊かにする」。このことを佐藤先生と山田先生の出会いが、実証してくれました。

この損得抜きの繋がりは、教師と生徒も同じです。その学年に所属し、その学級の生徒と出会い、その出会いが一生の繋がりになっていくのです。人を大切にする人は、人からも大切にされる。出会いを大切にする人は、出会いを大切にする人と自然と繋がるのです。

山田先生の教えを胸に

一つのきっかけで人はたくさんの人と出会うことができます。そのきっかけを生かせるかどうかで、人との広がりは変わってきます。その小さなきっかけを生かせる方は、謙虚に学び、人を大切にされている方です。そういう方だからこそ、出会った後もその出会いに深まりができてきます。

佐藤先生は決して目立つような行動はされませんが、小さなことでもコツコツと一つひとつ真剣に関わり、自分のこととして考えていく方です。だからこそ、生まれたご縁は必ず深くなっているのです。佐藤先生は、山田先生との出会いに始まり、『やまびこ会』との出会いによって大きくご縁を広げていきました。

『やまびこ会』の会合を都内で開いた時のことです。佐藤先生は、最初の会合でいきなり西村徹先生と出会います。そしてさらにご縁を深め、今でも深いお付き合いができているそうです。さらに、『私が一番受けたいココロの授業』（ごま書房新社）の本とも『やまびこ会』経由で出合い、この本の著者である長野県上田市の上田情報ビジネス専門学校の比田井先生（和孝先生、美恵先生）ご夫婦とも繋がっていくのです。佐藤先生はすぐに比田井先生と意気投合しました。お二人が経営する上田情報ビジネス専門学校のある長野県と、佐藤先生が住んでいる群馬県が隣の県ということもあり、イベントなどを通じてさらに繋がりは増えています。

また、佐藤先生は『やまびこ会』だけでなく、『まごころ塾』という学びの場にも参加するようになりました。「動かなければ出会えない」という言葉があるように、佐藤先生は新しい出会いを求め、『まごころ塾』に参加したことで、さらにたくさんの方とのご縁ができました。

同じ意識の方が集まり、そこで繋がるのは当然の出来事です。しかし、学ぶ場に自ら身を動かさなければ何も生まれません。そこに一石を投じることで、人生が変わっていくのです。これは山田先生の教えです。山田先生は間接的ながら、佐藤先生も「やる気」にしてしまったのでしょう。やはり「人をやる気にさせる天才」だったと思います。

「実際の社会を経験させながら育てる」

新井 国彦 先生

新井 国彦（あらい くにひこ）
1959年生まれ、群馬県出身。群馬県高崎市立佐野中学校教師。教育・人生を語り学びあう会「まごころ塾」事務局。「まごころ塾」は塾生または講師を招いての講演で、すでに100回以上の学びの会を行なっている。高崎市では有名な会となっている。また、教え子からの信頼も厚く、卒業してからのつながりも強い。新井先生が事務局である「まごころ塾」は、新井先生の教え子もスタッフとして活躍している。
著書に、『朝の読書から読書コミュニティを創る』（共著・明治図書出版）ほか。

出会いは一瞬。つながりは一生。生徒も教師も

今でこそ一緒に『やまびこ会』を運営して、心の底からつながる交流をしている新井先生。でも、その出会いからの流れは私の人生を変えるほどの衝撃でした。

当時、山田先生が主宰し活動していた『やまびこ会』の全国教育交流会。その活動は毎月の通信発行と、年に一回の顔を合わせての「全国教育交流会」(実践報告交流会)が中心でした。

ある年の夏、山田先生の自宅で行われた『やまびこ会』の「全国教育交流会」席に新井先生が出席していたのです。新井先生は教育書を何十冊も書いている山田先生のことを知人から聞き、山田先生に会うためにこの年の『やまびこ会』に初参加したのです。

新井先生と出会った年の『やまびこ会』も、例年のようにそれぞれのメンバーが実践報告をして進行していきました。でも、私はこの年の『やまびこ会』は少し神妙な気持ちで参加していました。

私が実践報告しようとしていた話は、『涙の呼名(よびな)』というタイトルをつけた卒

業式での出来事でした（巻末に掲載）。私はこの話と実践はその当時の私の教員生活の集大成と感じていました。「これが共感されなかったら私の教員生活は無駄だったかもしれない・・・」と思うほどで、みんなに発表する前はとても緊張していました。

そして発表後。山田先生をはじめ、『やまびこ会』に参加していていた教員の方はみんな拍手の中、共感してくれたのです。本当に嬉しく感じました。

中でも新井先生はとても感動してくれて、すぐにご縁のあったイエローハットの相談役である、あの鍵山秀三郎氏に伝えてくれたのです。すると、鍵山氏も共感してくれたのか様々な場で『涙の呼名』の話をして広げてくれたのです。この出来事が日本中に広がり、神渡良平氏の本をはじめとして、いくつもの本で紹介されるまでに至りました。また、どなたかが『涙の呼名』を朗読し、YouTubeにアップしてくれてさらに反響を呼びました。

新井先生の行動が、全国にあるたくさんのクラスの中の一つのクラスで起きた出来事を日本中に広げてくれたのです。新井先生に後日、「『涙の呼名』を紹介していただき、ありがとうございます。どうしてあの話を伝えてくれたのですか？」と聞いたことがあります。新井先生は笑いながら、「良いと思ったものですから、他の人にも伝えたかったのです」とだけ答えてくれました。実は同じ答えをした方がもうお一人いました。それはイエローハットの鍵山氏でした。有難さと同時に、実践者は人を大切にするという共通点を強く感じた出来事でした。

この一連の出来事の後、誰かに会うたびに「中野先生の『涙の呼名』いいですね！」と言われることが信じられないほど増えました。山田先生の手伝いをしていた、一介の一教員であった私の名が、恥ずかしながら多くの方に覚えてもらえるきっかけとなったのです。

私にとっては、人生がひっくり返る出来事でした。

生徒を社会の中で育てる新井先生

実は、新井先生が「涙の呼名」を多くの方に伝えてくれたことは、日常のよくある出来事のひとつでした。なぜなら、新井先生は教師として、いつも目の前にいる担当クラスの子どもたちを世の中に知ってもらう生き方をしていたからです。

それを知ったのは、『やまびこ会』で新井先生の実践発表を聞いた時のことです。新井先生の実践は生徒中心の活動ばかりでした。「自分がこんな実践をした」ではなく「生徒がこんな素晴らしいことをした」と伝えるように実践報告をしたのです。その指導は、教室内や学校内だけではなく、新井先生がどこかで活動するたびに誰かに知られるという概念でおこなわれていたのです。

例えば国語の授業です。新井先生は国語の教師で、授業では俳句等を創作することがあります。そんな時、「君たちが創作した俳句は、先生たちの評価だけではないし、校内の仲間だけの評価だけでもないんだぞ！」といいます。なぜなら、新井先生は子どもたちの作品を、なんと新聞社の学芸担当者に毎回投稿していたからです。すると、優秀な作品は実際に新聞に掲載されるのです。頑張れば、誰でも新聞の紙面に載り社会で評価されるまでになることを知ります。子どもたちは新聞に自分の作品が載ると驚くそうです。そして、その目には自然と自信がみなぎっていくそうです。

もちろん新井先生の指導がありますが、なにより生徒の感性の素晴らしさがあったからこそ担当者も選んだわけです。感性は持って生まれるものだといわれますが、それを引き出し伸ばすのは教員の仕事なのです。

新井先生の授業は、いつも学生時代の先を見据えています。いつか、社会に出ていく生徒たちに、早い時期からその体験をさせているのです。それは学校という枠の中だけでは生徒は強く育たないという、新井先生の世界観かもしれません。新井先生自身も学校という世界だけで生きていないからでしょう。

教員の多くは、学問中心の世界しか知らずに生活をしてしまう場合が多いものです。その原因は様々あります。例えば、平日の勤務は朝早くから夜暗くなっても帰れず、土日は部活動の顧問活動があります。さらに、家族や仲間との付き合いもあるでしょう。教員以外の人との出会いなど、意識をしないとつくっていけないからです。

しかし実践者と呼ばれる教師の方は、そんな中でも教員以外の人との出会いを作ります。その出会いは趣味の世界ではなく、人としてどう生きていくかという方との出会いです。新井先生は進んでそんな出会いを求めてたくさんの活動に参加されているのです。

自ら学びの場を創っていく

そんな新井先生はもちろんご自身でも活動の場をつくられました。平成13年に発足した『まごころ塾』という学びの場です。新井先生と同じ志を持つ、大木正先生と内堀一夫先生というお二人の教員の方と立ち上げました。

大木先生と内堀先生は同じ職場であり、大木先生は先輩の内堀先生の教育実践に深く影響を受けていたそうです。そして内堀先生の退職を機に、教育や人生について語り合い、学び合うことを大切にした活動がスタートしたのです。

『まごころ塾』は、若い教員たちの学び場として作ったのですが、最初はこの三人と知り合いの数人だけしか集まらなかったそうです。しかし、徐々に口コミで広がり、参加者やリピーターも増え、平成29年には開催回数も100回を超えた大きな学び場へと発展していきました。現在では70人以上の塾生となり、参加される業種も教員だけではなく、様々な業種の方が集まってきています。

どんなことも最初は小さなものですが、まずはスタートすることが大切です。そして強い想いと正しい理念があれば必ず続いていき広がっていきます。

『まごころ塾』定例会は、地域にある公民館等を利用するそうです。講師は新井先生と関わりのある方や著名な方をお呼びし、毎回大盛況となります。さらに、定例会以外にも1000人以上も入る会場に中村文昭氏や喜多川泰氏、白駒妃登美さん、高橋恵さんなどの著名な講師を呼び、多くの方に『まごころ塾』を知ってもらう企画もおこなっています。新井先生の周りに集まる仲間、その仲間の周りにさらに仲間が集まり、1000人以上も入る会場でも常に満席になります。学び合おうという新井先生たちの想いはさらに広がり続けているのです。

新井先生に、どうしてずっと盛況なのかを聞いてみました。すると、「ここまで『まごころ塾』が継続できているのは、塾生自身がそれぞれの立場で学ぶことを考え、それを塾生の周りに広げてくれているからだ」といいます。決して、自分たちの努力を表にださないのです。

このまごころ塾の最高顧問は、内堀先生と交流が深かったイエローハットの鍵山秀三郎氏にお願いしているそうです。鍵山氏は最高顧問として、お忙しい中率先して『まごころ塾』のために講演をしてくださいます。

主催者や顧問自ら、そして塾生それぞれが発展に貢献する『まごころ塾』。今では、新井先生の教え子だった中学生が大きくなって『まごころ塾』の塾生になり、『まごころ塾』で講演もしています。このように、『まごころ塾』の火はいつまでも途絶えることはありません。この先もずっと盛況が続いていくことかと思います。

読書をすると作家になれる!?

「人生は、本と人との出会いで決まる」と新井先生は言います。そんな新井先生のライフワークのテーマは「読書と人生」だそうです。

それにしても新井先生の読書量はすごいのです。新井先生の知り合いの方に聞くと、「自宅の横に書庫をつくっているほど」と聞いて驚きました。良いと聞いた本はその場で買い、書店で良さそうだと思った本は迷わず何冊も買って、知り合いにプレゼントしているそうです。「良いものは、多く人に伝えたい」という新井先生の信念はここにも現れています。

読書好きな新井先生は、生徒にもたくさんの本を読ませています。そして読み聞かせもしています。その量は三年間で40冊以上とのこと。ゲームやインターネット全盛の今の時代、中学校時代に40冊も本を読む子どもはそうはいないでしょう。

そして、ここでも新井先生は子どもたちを学校以外の方と繋いでいます。読み聞かせをした後に感想文を書かせ、なんとその本を書いた著者に送るのです。その感想に著者自らが生徒へ返信をしてもらうようにお願いします。読んだ本の著者に感想を書いて、その著者から直接返信が来ることを経験する人なんて、本当にごく限られた人数かと思います。もしそんなことが起きたら、生徒たちはどれほど驚き、読書をすることに喜びを感じるでしょうか。

新井先生は、この実践をずっと続けているのです。読書感想文から著者と生徒との交流が生まれることもあり、なんとその交流が一冊の本になったこともあります。これは、山田先生の本を読んだ新井先生のクラスの生徒との交流から生まれました。山田先生が新井先生のクラスの生徒の〝的を射た〟感想に驚き、メッセージを送り始めたのです。生徒はそのメッセージに一生懸命返事を書き続けました。すると山田先生はまた・・・。その交流をまとめたのが『クラス担任が子どもに贈るハッピーメッセージ』（学事出版）という本になったのです。

新井先生は、本は読むものとしてだけでなく、作り上げることもできるということを示しました。新井先生の教え子の一人は、「新井先生に授業を教わって、将来、本を書いてみたい。作家になってみたいと思うようになった」と言います。いまその教え子は歯科衛生士としての仕事をしていますが、今でも同人誌等に寄稿する活動をしているそうです。中学校時代に教師から受けた刺激は、その生徒の人生を大きく左右したのです。

まさに、新井先生は多くの生徒の心に火を灯したのです。その火は、何年たっても消えることなく、さらに大きくなって生徒の人生に影響していったのです。「人生は本と人との出会いで決まる」という新井先生は、その言葉を実践にして生徒へ伝えているのです。

『ＹＰＣ（やまびこ会ペンクラブ）』誌発行の裏側

『やまびこ会』で発行している『ＹＰＣ』誌は、年に4回発行する季刊誌です。発行部数は200部ほどです。発行の時期が来ると、私と新井先生、時にはYPCの会員にも内容を考えてもらい詰めていきます。そして、テーマに合った活動をされている全国各地の先生に私がメールで執筆依頼をします。集まった原稿を私が編集や校正を重ね、紙の版下を作り新井先生の自宅に送ります。新井先生は数時間かけて、100ページ以上ある『YPC』誌を200部も印刷します。

印刷設備など自宅にあるはずもなく、毎号毎号印刷用紙を購入し、知り合いの方に印刷機を借りて、印刷を終えると神奈川県内の製本屋さんに郵送してくれのです。これがどれだけ大変な作業か。しかし新井先生は「印刷中にみなさんの原稿を読めていますから気にしないでください」とさらっと応えます。

新井先生は、こうしていつもプラス思考なのです。そして愚痴をいうことはないのです。そんな新井先生だからこそ、私は心底心を開き長いお付き合いをさせていただいているのです。出会いは一瞬でしたが、何十年も共に刺激しあえる大切な仲間になっているのです。「いつもありがとうございます。ずっと学ばせていただきます」。新井先生に会うたびに心の中でそう思っています。

おわりに

最後までお読みいただきありがとうございます。

私は、平成27年『熱血先生が号泣した！　学校で生まれた〝ココロの架け橋〟』（ごま書房新社刊）という3冊目の著書を出版しました。この本では、私の周りで起きた教師と生徒、その親御さんたちや地域の方とのドラマを描きました。しかし、そんな感動的なドラマは私の周りだけで起きているのではなく、全国各地で起きているのです。

今回、4冊目の著書を出版するにあたり、1年以上かけて、ご縁のある15名の先生方にインタビューをさせていただきました。このインタビュー中に涙するほどの感動的な話をたくさん聞いてきました。もしかしたら皆さんの周りにも、教員生活を左右するほどの感動的なドラマが起きているかもしれません。もしそのような体験がありましたら、ぜひ私にお聞かせいただければ嬉しい限りです。私たちは新しいことを知ることで学び、感じ、考えるものです。そして、行動に移せるのです。

「そうはいってもなかなか・・・」と言われる方もいます。確かに、一人の教師ができることには限界があります。しかし、限界がありながらも、目の前の生徒に真剣に関わっていくことで必ず道は開けてきます。真剣な想いで行動を続けると、同じ志をもった同士と必ず出会います。彼らは道を示し、手を差し伸べてくれます。一人の教師でもまだまだできることや可能性がたくさんあるのです。

山田暁生先生の『万策尽きたとあきらめずに』という自費出版の著書があります。

この本の中で山田先生は、「いま、教師の仕事も大変な時代・・・。〃いくら頑張っても一人の教師じゃ、何もできない〃か。いや、できることはいっぱいある！『努力はどこに消えていったのか』と無力に思うことはない。どこかで、どの子かの長い人生の成長におおいに役立っているにちがいない。とにかく子どもたちに良かれと思うことを今からでも創意・工夫して楽しみながら、始め、続けよう。そうしてきた私の35年の教職生活に悔いは残っていない。きっとあなたもそうなれると思う。頑張ろう」というメッセージを記しています。

「悩みながらも真摯に教育に取り組む教師たちへの応援メッセージ」と山田先生は明言し、この本を書かれました。山田先生はこの本を通じて、日本中の先生を元気にしようとしたのです。だから自費出版でもこの本を世に出したかったのです。

サブタイトルは「一人の教師でもできること、できたこと（公立中教師35年の生き方記録）」です。山田先生はこの本に自分が教員になる前からの記録を書き残しています。山田先生も教育現場でいろいろなことを体験されました。山田先生が教師になったきっかけとなった恩師の写真、教育実習生のころの資料まで載っていて、山田先生の整理整頓術の原点を知ることができます。まさに山田先生の教師としての全てを詰め込んだのがこの本なのです。

生前、山田先生は「全国には素晴らしい教師がいる。その教師を繋ぐのも私の役目だろう」といわれました。さらに「一人の教師ができないことも、みんなで考えればできることもある」「刺激し合って、みんなで成長しよう」など、たくさんのメッセージを残してくれました。そんな山田先生の想いを受け継ぎ、私は山田先生が主宰した『やまびこ会』を引き継いだのです。

今回、この本の中で紹介した山田先生以外の14名の教育に関わる方々も、いままさに全国の先生方に影響を与える凄い方々です。そして、まだまだ紹介したい先生方が日本にはたくさんいます。そのすべての先生方の共通点は真剣に、前向きに、あきらめずに子どもたちと関わっているということです。

哲学者、教育者である森信三氏の言葉に『教育とは流れる水の上に文字を書くような儚いものだ。だが、それを岩壁に刻み込むような真剣さで取り組まなくてはいけない』という言葉があります。

一筋縄でいかないのが教育です。水の上に文字を書くように、徒労に終わってしまうこともたくさんあるでしょう。でも自分で教育の道を選んだからには、その手探りの道を歩んでいく覚悟もまた必要です。今回の執筆で多くの先生の真の想いを知り、改めて思い知らされました。

この気持ちを持ち続け、これからも子どもたちと正面から真剣に関わっていこうと思います。そして全国の教育に関わっている方々と共に、子どもたちを見守り、子どもたちが成長していく姿を応援していきたいと思います。

最後になりましたが今回、インタビューを快く受けてくださった先生方に心より感謝申し上げます。

西村徹先生、喜多川泰先生、木下晴弘先生、比田井和孝・比田井美恵 両先生、村瀬登志夫先生、池田真実先生、小川輔先生、岩崎元気先生、塩谷隆治先生、安田和弘先生、北村遥明先生、牧野直樹先生、佐藤健二先生、新井国彦先生。ご多忙の中、お付き合いくださり本当にありがとうございました。そして、天国の山田暁生先生、ようやく4冊目の本が完成しました。

皆様との出会いとご縁に改めて感謝する機会となりました。おかげさまで私の人生での最高傑作が完成しました。

また、ごま書房新社の池田雅行社長、編集部の大熊賢太郎氏には企画から執筆、そして発行まで約1年半の長期間、大変お世話になりました。初期の頃は、前が見えない霧の中を歩んでいるかに思えましたが、なんとか本として世に出せることになり感無量です。

一人でも多くの教育に関わる方がこの本を手にとり、大人が子どもと真剣に関わることについて語り合って頂ければ嬉しい限りです。

そして、読者の皆さんとの出会いがどこかで待っていることを楽しみにしております。

2019年1月吉日

中野 敏治

○参考文献

『東井義雄一日一言』東井義雄／著（致知出版社）

『人はなぜ勉強するのか―千秋の人 吉田松陰』岩橋文吉／著（モラロジー研究所）

『覚悟の磨き方 超訳 吉田松陰』池田貴将／著（サンクチュアリ出版）

『吉田松陰』川口雅昭／著（致知出版社）

『時代を拓いた師弟 吉田松陰の志』一坂太郎／著（第三文明社）

『森信三 教師のための一日一語』森信三／著（致知出版社）

巻末資料『涙の呼名（こめい）』

～中野敏治／著『熱血先生が号泣した！ 学校で生まれた"ココロの架け橋"』(ごま書房新社)より～

『涙の呼名』YouTube動画はこちら⬇

卒業式の朝

卒業式の朝も彼女は来ていませんでした。2年生で私のクラスに転入してきた彼女。前の学校でいじめをうけ、不登校になり、私の学校へ転入してきたのです。転入しても登校回数はけして増えることはありませんでした。

卒業式当日の朝の会が終わったとき、クラスの生徒が私に駆け寄り「彼女を迎えに行こう」と言ってきたのです。迎えに行くにはあまりにも時間がありませんでした。「いつ彼女が来てもいいように、準備をしておくから。もし、卒業式にこられなくても、必ず今日、みんなと同じ会場で彼女の卒業式を行うから。と、クラスの生徒に話をしました。

彼女のことを思いながら、生徒は廊下に並び、卒業式の入場の準備を始めました。時間は刻々と過ぎていきます。生徒達はさまざまな思いを胸に抱きながら、教室前の廊下から式場へ向かいました。彼女のことが気になり、式場へ向かう途中でも窓の外を見る生徒もいました。

彼女のいない卒業式

司会者の「卒業生入場」の言葉が式場に響きました。その声と共に式場へ入場です。私は彼女の胸花を自分の胸に付け式場に入場しました。

彼女の席が空いたまま、卒業式は進んでいきます。始めの言葉、学校長の話、来賓の挨拶、そしてとうとう卒業証書授与。

卒業生全員に卒業証書が渡され、式歌も終えたとき、体育館のドアが開き、彼女が体育館の中央まで走ってきたのです。彼女は、自分の席がどこにあるのかもわかりません。私は、彼女に走り寄り、彼女を席まで誘導しました。クラスの生徒も彼女の姿に気づきました。

修学旅行も欠席した彼女に、クラス全員で京都から手紙を書いたこと。彼女の誕生日に彼女がいなくてもみんなが彼女のために歌を歌ったこと。毎日彼女の家を訪ねた生徒。彼女を席に誘導するまでに私の頭の中で、たくさんのことが思い出されました。

自分の席のところへ来た彼女に、私は自分の胸から胸花をはずし、彼女の胸にその花をつけました。式場の時間が止まったようでした。私も生徒達も、涙で声を出すこともできませんでした。職員席にもどろうとしたとき、彼女の口から「先生、ありがとう」と。私は心が震え、声を出すこともできませんでした。

職員席にもどった私の後ろに学校長が来て、小さな声で「彼女に卒業証書授与するから、いいね。」と言ってくれました。私は涙で「はい」と言う返事もできませんでした。そっと、彼女に走り寄り、「今から、卒業証書授与するから、いいね」という私の涙声に「はい！」としっかり、はっきりと返事をした彼女でした。

司会者が式場に響くように「ここで、もう一度卒業証書授与を行います」と伝えました。「平成○○年度卒業生　○○○○」という私の声は、涙声で声にならなかったのです。でも、彼女は「はい」と返事をし、クラスメイトが見守る中、彼女はステージに上がり、卒業証書を受け取りました。クラスみんなが泣いています。来賓も保護者も職員もみんな泣いています。

先生のクラスで幸せだった

卒業式を終え、グラウンドで在校生が列を作り卒業生の見送りをしてくれました。私は在校生の列の最後のところにいて、卒業生を待っていました。

在校生の列の間を通りながら、在校生一人ひとりにお別れを言い、歩いてきた卒業生。卒業生は最後に私と握手をしました。そんな列の中を彼女も通ってきました。そして、私を見つけ走り寄ってきたのです。驚いたことに彼女は「先生・・・」と言いながら、抱きついてきました。

クラスの生徒が贈ってくれた私への色紙に彼女は「先生のクラスで幸せだった」と書いてありました。家庭訪問を繰り返してきた2年間。でも彼女は一度も玄関に顔を出すことはありませんでした。行くたびに、部屋にいる彼女に聞こえるように、あえて大きな声で母親と話をしていました。会えなければと電話をしてみました。それでも彼女が電話に出ることはありませんでした。手紙も書いてみました。返信はありませんでした。その彼女が、私に感謝の言葉を、そして仲間たちにありがとうの言葉を告げたのです。

いじらしくも、服装を乱して・・・

彼女が2年生の後半のこと。ある日突然、遅刻をしながらも登校したことがありました。とても嬉しかったのですが、彼女の姿を見たとき素直に喜べなかったのです。髪を染め、スカートをすごく短くし、アクセサリーをいっぱいつけての登校だったのです。

彼女は、今までそんな格好を一度もしたことはありませんでした。彼女の姿を見たとき、察しました。ここまでしないと彼女は登校できないのかと。その姿を見て、なぜか涙が出そうなほど彼女のいじらしさを感じました。

でも、私の判断で彼女を家に戻したのです。「家に帰って着替えてきなさい」と。クラスの生徒はみんな彼女が来たことに喜んでいました。それでも私は彼女を家に戻してしまったのです。

私もクラスのみんなも、彼女が学校に来ることを望んでいたにもかかわらず、私が彼女を家に戻したことにクラスのみんなは驚きました。

私の気持ちをクラスのみんなに伝えました。「彼女が今日、登校してすごくうれしかった。きっとみんなの思いが伝わったのだと思う。それなのに彼女を帰してしまって、ごめん。でも、私は彼女が登校するときには彼女らしく登校してほしいんだ。もっと肩の力を抜いて登校してほしいんだ。きっと彼女はあのまま登校しても疲れてしまう。もっと彼女らしさを大切にしたいんだ」と話をしました。

みんなわかってくれました。その翌日からもクラスの生徒は彼女の家に学校の帰りに寄っていました。

私が彼女を家に戻した日の夕方、彼女の家を訪ねました。彼女は母親に「学校に行ってみんなの顔を見られて嬉しかった。でもちょっと疲れたよ。やっぱり先生に、この格好を注意されたよ」と話をしていたそうです。彼女はわかっていたのです。

著者略歴

中野　敏治（なかの　としはる）

神奈川県公立中学校校長（本書発行時点）。大学卒業後、中学校に赴任。市町村教育委員会指導主事、公立中学校教頭、市町村教育委員会課長を経て、現在の公立中学校校長に赴任。教え子からクラス会に呼ばれると、どんな予定よりも優先して100%参加する熱い先生。イマドキなクールな生徒、やんちゃな生徒とも正面からぶつかり、独自の指導法で学習や生活のやる気スイッチを入れる。

学校活動以外に、教員が中心となりボランティアで学校のトイレ掃除を行う「かながわ便教会」、清掃活動などに取り組む「中学校区を美しくする会」の代表を務め、NHKラジオ深夜便にも出演し活動を伝えている。

文学活動としては、1986年より続く、やまびこ会（全国教育交流会）を故 山田暁生氏より受け継ぎ、代表として全国の教育関係者と情報交換を行う。また、季刊誌として通算六十一号（本書発行時点）を重ねる発言集『やまびこ会ペンクラブ（YPC）誌』を全国に発送している。さらに、個人通信「かけはし」を毎月発行し、子どもたちの輝きを全国に広げている。

2013年から毎年、社会人、教員、親の学びの場として人気講師たちを招く「あしがら学び塾」を主宰。北海道から沖縄まで全国から大勢の参加者が集う。

著書に、『熱血先生が号泣した！学校で生まれた"ココロの架け橋"』（ごま書房新社）『若い教師のための 中学校の通知表記入文例』（小学館）ほか。
・著者Facebook【中野敏治】toshiharu.nakano@facebook.com

一瞬で子どもの心をつかむ15人の教師！

著　者　中野 敏治
発行者　池田 雅行
発行所　株式会社 ごま書房新社
〒101-0031
東京都千代田区東神田1-5-5
マルキビル7F
TEL 03-3865-8641（代）
FAX 03-3865-8643
印刷・製本　倉敷印刷株式会社

ISBN978-4-341-08722-7 C0036